Johann Friedrich Ernst Albrecht

Lauretta Pisana Leben einer italienischen Buhlerin

Aus Rousseaus Schriften und Papieren dramatisch bearbeitet - 1. Teil

Johann Friedrich Ernst Albrecht

Lauretta Pisana Leben einer italienischen Buhlerin
Aus Rousseaus Schriften und Papieren dramatisch bearbeitet - 1. Teil

ISBN/EAN: 9783743445949

Hergestellt in Europa, USA, Kanada, Australien, Japan

Cover: Foto ©ninafisch / pixelio.de

Manufactured and distributed by brebook publishing software (www.brebook.com)

Johann Friedrich Ernst Albrecht

Lauretta Pisana Leben einer italienischen Buhlerin

Lauretta Pisana

Leben
einer italienischen Buhlerin.

s Rousseaus Schriften und Papieren.

Dramatisch bearbeitet.

Erster Theil.

Dieses Buch

widmet

allen edlen Seelen,

die den Werth der Tugend kennen, aber auch
der Schwachheit verzeihen, und ihr auf-
helfen.

empfiehlt

allen geistlichen Herren,

von allen Völkern und Sekten,

die fette Pfründen und müßige Tage zu
Wollüstlingen umschaffen, die sich's zum Be-
ruf machen, junge Mädchen aufzuklären,
und glauben, die Welt sey nur für
sie da.

allen Damen von Stande,

die im Stillen ihre Buhlereyen treiben, und
auf arme Geschöpfe, die Noth und Temperament dazu zwingt, mit Verachtung herabsehen;
denen sie doch sowohl an Körper als Seele die
Schuhriemen aufzulösen nicht werth sind,
weil sie Seele und Leib schminken.

allen jungen Herren,

die in der Blüthe ihres Lebens den Syrenen
jedes Standes ihre Gesundheit so unbedachtsam
opfern, als wäre sie eine taube Nuß; ihren
Beutel sich leeren lassen, als wäre er das Oel-
krüglein der Wittwe von Sarepta; ihr Mark
sich ausziehen lassen, als wär' es eine Wund-
salbe für veralteten Wollustreiz —

allen verruchten Bösewichtern,

die er unter die Verdammten, man verstehe auch unter der Verdammniß, was man wolle, zählt, sobald sie fähig sind, für Andre Mädchen zu werben, und die Unschuld zu erführen, ohne selbst zum Genuß für sich zu wirken —

schenkt

allen Buhlerinnen

des ganzen weiblichen Geschlechts, wes Standes, Namens und Ehren sie auch seyn mögen, die noch liebenswürdig genug sind, zu fühlen, sie möchten von ihrem Verderben zurückkehren, wenn sie könnten —

als einen Beweis

seiner Hochachtung,

als einen Beytrag

zu ihrer Besserung,

als einen Wunsch

für ihr Glück,

der Verfasser.

Vorede.

Laurettens Geschichte ist aus Rousseau's Schriften und Papieren gezogen, das heißt, ich habe den Grundstoff aus seiner neuen Heloise genommen, in welcher ihrer Erwähnung geschieht. Der Nachtrag derselben, nämlich Eduard Bomstom's Begebenheiten, enthalten das meiste. Man versichert aber, daß verschiedene Dinge in diesen Begebenheiten in dem mit der Wahrheit übereinstimmenden Vorfall, den Rousseau benutzt hat, sich anders verhalten hätten. Dem sey wie ihm wolle, habe Rousseau oder die Frau Marschall von Luxemburg, die dessen Manuscript in Händen gehabt, dieses verändert, und

a 3

mögen sie es um der Familie willen, oder aus
andern Gründen gethan haben, genug, Laurette wurde nicht von ihren Aeltern an den
Kardinal verkauft, sondern auf die schändlich-
ste Art ihnen aus den Händen gespielt, so wie
man aus meiner Einleitung sehen wird.

Warum ich die Geschichte dramatisirt
habe, darüber will ich etwas zur Vertheidigung
anführen, ob ich gleich glaube, eines
Schriftstellers Laune bedarf keiner Vertheidigung.

Aber ich finde, daß man dadurch, daß
man die Personen redend und zugleich han-
delnd einführt, in Ansehung des natürlichen
Schwungs der Sprache, in Ansehung der
Darstellung der Charaktere gewinnt, finde,
daß dem Leser Handlung interessanter ist, als
Erzählung, und endlich — ich läugne nicht,
daß ich auch hierauf Rücksicht nehme, — finde
ich mehr Vergnügen bey dieser Art von Arbeit.

Mangelhaft ist, wo nicht alles, doch so
vieles in der Welt, und warum sollte es auch

mein Buch nicht seyn. Mängel deſſelben, bitte
ich daher nachſichtvoll zu behandeln, mir ſie
anzuzeigen, nicht ſchmähſüchtig, ſondern beleh-
rend mich zur Verbeſſerung derſelben aufzufor-
dern. Ich ſpiele nicht mit dem Rechte des Kri-
tikers, allein ich will auch nicht, daß er mit
dem Rechte des Schriftſtellers ſpielen ſoll.
Thut er es, ſo verachte ich ihn, und leſe ihn
nicht wieder. Iſt er billig, ſo ſage ich, er iſt
einer der nützlichſten Erdenbewohner. Das
heißt gewiß nicht gebeten, daß er mich loben
ſoll.

Ich will einem Einwurfe zuvorkommen,
und man mag da mein eignes Geſtändniß tadeln. Der Uebergang Laurettens von der Tugend zum Laſter, wird manchem zu übereilt
ſcheinen. Ich ſage hier nur ſo viel. Es läßt
ſich viel über dieſe Materie ſagen, es läßt ſich
eine Auseinanderſetzung der kleinſten Nüancen
und Gründe, ſo wie des Ganges dieſer Verän-
berung möglich denken. Aber — ob nicht
ſchleppend und langweilig? Das iſt eine andre
Frage — und da ich mich nicht gern überzeugt
von einem ſolchen Fehler dem Publikum Preis

gebe, so gestehe ich die Schwäche: Ich vermochte nach meinen jetzigen Kräften das nicht besser auszuführen.

Gehe dann, Laurette, hinaus in die Welt, beßre, was zu bessern, bekehre, was zu bekehren ist! Mach nur deinem Verfasser die Freude, daß er dich gern gelesen, deinem Verleger, daß er dich gern gekauft sieht.

Geschrieben im December 1788.

Einleitung.

Laurette Kampano, eine Edle aus dem Pisant-
schen, deren Geschlecht lange geglänzt hatte,
war die letzte dieses Stammes.   Ihre Aeltern
liebten sie unaussprechlich, und sie verdiente nicht
weniger diese Liebe. Außer den körperlichen Schönheiten, die die Natur ihr gewährt, hatte sie Gei-
stesgaben, wie man selten sie findet, und die Erziehung, die sie genoß, hatte, diese auch, auf einen
so hohen Grad ausgebildet, daß sie damit glänzen
und einnehmen konnte.

Indeſſen war bey ihrer Erziehung immer ein Hauptfehler vorgegangen, und er beſtand darin, daß man ſie nicht genug mit Welt und Menſchen bekannt gemacht. Ländliche Stille, häusliches Glück, waren ihr in allem Umfange ihrer Reize bekannt; aber daß es außer dieſen noch Freuden gebe, die für Körper und Seele Reiz hätten, denen man um der Neuheit und des Temperaments willen nicht widerſtehen könnte, das lag außer ihrer Sphäre, und daher kam es, daß in der Folge, durch Konvention und Zufall, dieſe Dinge ſo heftig und hinreißend auf ſie wirkten.

Hätte Kampano von Jugend auf ſie mit dieſen Freuden bekannt gemacht, hätt' er ihr nicht blos ihre ſchreckliche zu vermeidende Außenſeite zu der Zeit geſchildert, als ſie ſchon Regungen zum Gegentheil empfand, hätte er wenigſtens die Vorſicht gebraucht, ſie Menſchen verſchiedener Gattung kennen zu lehren, anſtatt daß er alles Böſe und Heuchleriſche, was ihn nicht ſelbſt betrog, von ihr entfernte, ganz gewiß wäre Laurette nicht in Schlingen gefallen, die man ihr ſo künſtlich legte.

Kampano war' nicht reich. Ein mäßiges Landgut machte sein Vermögen aus. Deswegen lebte
er auch eingezogen, und wenn Laurettens Reize
nicht so blendend gewesen wären, so wäre der Ruf
vielleicht nie nach Rom gekommen, daß es einen
Kampano in Pisa gäbe; denn obgleich er selbst in
jüngern Jahren in Rom gewesen, so hatte doch seit
seiner Entfernung er jeder Verbindung mit dieser
Hauptstadt der Lüste entsagt.

Desto aufmerksamer wurden gewisse Menschen in Rom, die von der schönen Pisanerin hörten. Kein Wunder, da diese Stadt unmöglich
der schwelgenden Wollust hinreichende Gegenstände
darbieten kann, weil tausend Blumen, die, wenn
man, der Menschheit zur Schande, es aussprechen
darf, von diesen bezahlbar wären, von Verführern
gebrochen werden; die nur den Preis der Vergif-
tung ihnen für einen so theuern Schatz bezahlen.

Unter der Zahl der feinern, ausgesuchten und
vermögenden Wollüstlinge befand sich ein junger,
schöner Kardinal. Mit der einnehmendsten Gestalt

verband er einen angenehmen Umgang,. und kein
schlechtes Herz.' Man konnte ihm wenig wider-
rechtliches zur Last legen, und was es ja war, das
war Folge von Verwickelungen und Konnexionen,
die er nicht vermeiden konnte. Daß man bey dem
besten Herzen Temperamentsfehlern unterliegen
kann, daß sie zu Lieblingsleidenschaften werden,
beweist tägliche Erfahrung jedem, der nur ein wenig in der großen Welt bekannt ist, wo Reiz um so
vielfältiger ist, als in andern Ständen.

Der Kardinal hörte eine wunderschöne Pisanerin nennen, und er sandte am nächsten Morgen
schon seinen Geschäftsträger in solchen Dingen nach
Pisa, um zu sehen, und Bericht abzustatten.

Man schaudre nicht zurück, wenn man hier
hören, und dort lesen wird, daß dieses Amt bey
seiner Eminenz kein Andrer verwaltete, als einer
seines Standes — man wundre sich aber auch
nicht, und tadle nicht die Wahl. Sollte man
verlangen, daß unter einer so großen Menge pri-
vilegirter Müßiggänger, wie von der Art besonders im Kirchenstaate umhergehen, sich lauter edel-

denkende Geschöpfe befänden, die ihrer Pflicht ob-
lägen, ihren Gelübden treu wären, deren Gegenstand Besserung der Menschen, und ihre Sorge
Unterdrückung ihrer Leidenschaften seyn könnte, da
ihrer so viele blos diesen Stand wählen, um nichts
thun zu dürfen? Und hätte der Kardinal nicht
dem Layen, dem er es aufgetragen, und wenn er
auch mit ihm gleich gedacht hätte, ein Aergerniß
seines Standes gegeben, dahingegen der Pfaffe,
der mit ihm gleich dachte, ihm nichts vorzuwerfen
hätte?

Diese saubre Menschengestalt war Pater Tinto,
der Sohn eines heimlichen Banditen, dem es ge-
glückt war, auf dem Krankenbette zu sterben, der
also zwar ehrlich begraben wurde, aber alle Kniffe
seines unehrlichen Handwerks auf seinen Sohn nicht
allein übergetragen, sondern in ihm zu weit meh-
rerer Reife gebracht hatte. Auch war seine Herkunft
nächst dem pfiffigen Kopfe, eine Hauptursache, warum die Herren, in deren Orden er nachmals trat,
auf ihn spekulirten, denn einige von ihnen hatten
seinen Vater ein paarmal in Sold gehabt. Sie
bildeten hernach den guten Tinto erst ganz, und

machten ihn so böse, daß er auf keinen Funken von Naturgüte mehr Anspruch zu machen hatte.

Tinto's Figur war eine der ekelsten, die man nur finden konnte, und so war blos sein Stand fähig, ihm Zutritt zu irgend einem Menschen zu verschaffen, denn ohne diesen würde man ihn, wie eine Pest für's menschliche Geschlecht, die er auch war, vermieden haben.

Der Kardinal hatte nicht ohne Ursache Vorliebe für Geschäftsträger dieser Art. Er kannte die Macht der Wollust, und so war er um so sicherer, keinen Vorgänger darin zu haben, je ekler der Gegenstand war, der für ihn auf Werbung ging.

So sehr Tinto hingegen beym ersten Anblick gegen sich einnahm, so gut wurde man ihm, wenn man mit ihm bekannt wurde. Er war der angenehmste Gesellschafter, und der verschmitzteste Heuchler. Er wußte Rechtschaffenheit ohne Gränzen zu lügen; sein durchdringender Verstand spähete bis in die Tiefen menschlicher Schwächen, und machte jede sich zu nutze, um jedermann die Wage

halten zu können. Er hatte sich durch diese Eigen=
schaften schon vielfältig furchtbar gemacht, und
nicht blos Rom kannte ihn, sondern auch in den
umliegenden Gegenden pries man Tinto's Recht=
schaffenheit, um nicht in seine Hände zu fallen.
Die Guten glaubten an ihn, und die Bösen scheue=
ten sich wohl, diese aus dem Irrthum zu bringen,
weil sie ihn selbst gegen sie benutzen konnten.

Mit Eigenschaften und Hoffnungen der Art
ausgerüstet kam Tinto in Pisa an, und bekam, so
wie in andern Häusern, auch in Kampano's Hause
Zutritt. Geistlicher Zuspruch war dort immer will=
kommen, weil Gabriele, Laurettens Mutter, ein
wenig am Aberglauben hing, und mit ihrer Den=
kungsart nahe an Bigotterie gränzte. So wie
Tinto seine Rolle spielte, schmeichelte er sich bey
allen ein. Gegen Gabrielen machte er den Heili=
gen, gegen Kampano den tugendhaften Rechtschaf=
fenen, und gegen Lauretten spielte er den belehren=
den Vater. Liebe von allen Seiten war sein Lohn.
Er wurde so beliebt, daß man keinen Tag ohne ihn
zubringen konnte, und die Freude wandelte sich in
stumme Trübheit, wenn Tinto Pisa auf einige Tage

verlaſſen mußte. Dieſe Vorbereitung gehörte dazu, um den teuflischen Vorſatz, den er hatte, auszuführen.

Laurettens Tugend ſollte untergraben, und ſie dem Kardinal zugeführt werden. Schlüpfrige Grundſätze ihr beyzubringen, war unter den Augen der Aeltern unmöglich. Gegen Rom war Kampano ſo eingenommen, wie gegen alles, was Höhe im geiſtlichen Stande hatte; und trotz Tinto's Betheurungen und dem Zutrauen, welches man übrigens in ihn ſetzte, war er doch nicht im Stande, eine Achtung gegen den Kardinal zuwege zu bringen. Glück genug, daß er das Vorurtheil noch ausrottete, welches man aus den Relationen aus Rom gegen ihn hatte.

Ein zweiter Vortheil, der dazu beytrug, daß er nicht entlarvt wurde, war, daß Gabriele eine Freundin vornehmer Leute im Herzen war, nur vor ihrem Manne durfte ſie dieſe Leidenſchaft zur großen Welt nicht blicken laſſen. Sie hatte bey verſchiedenen Gelegenheiten Tinto's Kälte gegen gewiſſe geiſtliche Dinge bemerkt, und einen

Schluß auf Heuchelei gemacht, der ihn bey ihr zu Grunde gerichtet haben würde, wenn nicht die Vorspiegelungen von des Kardinals Güte, und dem Einflusse, den er bey ihm hätte, ihr Ideen in den Kopf gebracht, die sie zwar sich gar nicht aus einander setzen konnte, die aber doch ihr Freude verursachten, und dadurch ihn sicherten, daß sie ihn bey Kampano und Lauretten nicht verkleinerte.

Man wundere sich nicht, daß Bigotterie und Liebe zur großen Welt bey einander stehen können. Sie reimen sich so gut zusammen, daß selbst Wollüstlinge sich einbilden können, die frömmsten Menschen zu seyn, und besonders in einer Religion, wo auf das Aeußere so viel Rücksicht genommen wird, wo man das Wesentliche so sehr vernachläßigt, und mit Beten und Almosen Sünden abkaufen kann.

So wenig Tinto aber fest auf Gabrielen bauen konnte, um so fester war er bey Kampano. Dieser biedre Mann, dem jeder Mensch so lange ein Engel schien, bis er ihn als Teufel erkannt hatte, war von den Talenten, von dem Verstande, von den

Wissenschaften Tinto's so durchdrungen, war so
sehr Verehrer seiner erlogenen Tugend, seiner ge-
spielten Sanftmuth, daß er auch nicht einmal ehe
einen Verdacht in ihn setzte, als bis der größte
Schatz seines Lebens von ihm getrennt war, den
er ihm anvertraute, und dann erst wähnte ihn
verloren zu haben, da er es schon unwiederbringlich
war.

Lauretten war er so zu sagen alles in allem
geworden. Sie betrachtete ihn wie einen zweiten
Vater, ja, da der ihrige zuweilen ein wenig auf-
fahrend und hitzig war, so war dieser sanftmüthige,
nachgebende, ihr fast lieber geworden. Zu ihrem
Vertrauten hatte sie ihn wenigstens gänzlich er-
kohren, doch half, so sehr er anfangs darnach ge-
trachtet hatte, dieses Vertrauen ihm hernach nicht
viel, weil er immer mehr eingewurzelte Vorurtheile,
wie er sie nannte, gegen seine Denkungsart bey
ihr fand. Dies verursachte auch jenen ganzen
Plan, den er so reif werden ließ, und wodurch er
Elend über das ganze Haus brachte. Er hatte
vorher einige Versuche gemacht, ob er nicht Wan-
ken in ihre Grundsätze zu bringen vermöchte; er
hatte seine, sehr feine Gewebe der Sinnlichkeit in

ihre Seele getragen. Er fand diese ihr nicht ganz unwillkommen, und dadurch Möglichkeit für sein Unternehmen; allein er fand gar keine Aussicht, sie zu bewegen, daß sie einen wirklichen Fortschritt ohne der Aeltern Einwilligung machte. Er strich also zu rechter Zeit die Segel wieder, sprach gar nicht mehr davon, und überließ nun ihr selbst, nachzudenken, was die Regungen wohl eigentlich seyn möchten, die er in ihr aufgeweckt, die sie aber ganz aus sich selbst entstanden glaubte.

Er ging also an das Werk seines Teufelsplans — ließ seinen Bruder Salbezzino kommen, gab einem andern aufgelesenen Kerl den Namen Benvoglio, versahe diesen mit falschen Urkunden von Venedig, zog die Gebrüder Kapri, ein Handelshaus in Pisa, in sein Interesse, und brachte den guten Kampano auf einmal gänzlich an den Bettelstab.

Dem alten Kampano war Tinto's Theilnehmung so schmerzhaft, als sein eignes Leiden, und Laurette sahe in ihm den einzigen Schutz, der ihr übrig blieb. Gabriele war mißtrauisch genug, ihn

verwickelt zu glauben, aber durch den Kardinal
trübte er das Licht, das sie sahe. Sie ließ sich
vom Schein hintergehen, und dämpfte einen ge-
rechten Argwohn.

Dies ist der Zeitpunkt, in dem meine drama-
tische Arbeit sich anhebt, und den Leser nun in den
Stand setzen wird, den Verfolg der Geschichte zu
beurtheilen.

Lauretta Pisana.

Erster Theil.

Handelnde Perſonen.

Der Kardinal. Junger, voller, blühender Mann. Gefühl, das aber misgeſtimmt iſt. Anlage zu allem Guten. Verderb durch Konventionen und Stand.

Pater Tinto. Verſchmizter Pfaff, zu allem aufgelegt, eigennützig, rachgierig, voll Leidenſchaft, wo ihn Geiz nicht bindet, ganz ihrer Herr, wenn der ins Spiel kommt.

Mylord Eduard. Britte im ganzen Umfange der guten Seite. Edel, großmüthig, tugendhaft.

Der Fürſt. Jung, leichtſinnig. Faſt ganz ohne Charakter.

Kampano. Alter biedrer Vater.

Amorſo, Kampano's Verwalter. Ehrlicher Kerl, treu und dienſtfertig.

Saldezzino, Tinto's Bruder. Dumm zur Unbegreiflichkeit.

Der Herzog, Liebhaber der Gräfin Medina. Im Mittelalter äußerst wollüstig, aber halb abgestumpft. Immer viel wünschend, nie es ausführend.

Pansato. Reicher Edelmann, der sich aus der Stadt zurückgezogen.

Sarko, Kammerdiener der Markise.

Verschiedene Bediente.

Zwey Schatten.

Ein verkleideter Teufel.

————————

Lauretta Pisana, Kampano's Tochter. Bild einer Schönheit, voll Temperament, tugendhaft erzogen, aber zu allem biegsam.

Gabriele, ihre Mutter. Frau voll Frömmigkeit bis zur Bigotterie. Gute Mutter.

Die Markise, Eduards erklärte Geliebte. Fein,
verschlagen, voll Geist und Talent; alles
aber zum Bösen anwendend.

Antonette, ihr Kammermädchen.

Gräfin Medina. Boshaft und trugvoll in jedem Verstande. Erzkokette auf der schlimmsten Seite, alles ihren Begierden opfernd.

———

Pisa.

Kampano's Wohnung.

Kampano. Gabriele. Tinto. Hernach Lauretta.

Kampano.

Alles dahin! Nichts mehr übrig von dem ganzen Vermögen! Was sag ich? O das Geld ist das wenigste. Nichts mehr übrig von dem seltnen Glück der Zufriedenheit, von der Ruhe der Seelen, von dem Frieden, der unter uns wohnte.

Gabriele. Das ist schrecklich, Kampano. Nichts könntest du retten?

Kampano. Nichts. All' unsre Freuden sind dahin. Wenn der Frühling den reichen Schoos seiner mannichfaltigen Entzückungen öffnet, so werden wir nicht mehr sagen: Dies gab er uns! Kein Blümchen, die uns so reichlich blüheten, wird mehr für uns blühen; keine Früchte, die wir selbst gezogen, werden uns erquicken. Ein Bösewicht genießt, was wir genossen — und wir — hungern — oder betteln —

Gabriele. Fürchterliche Aussicht! Tinto — was sagt Ihnen Ihr Herz?

Kampano. Laß ihn, und frage das Schicksal. Er menschenfreundlich — ich menschenfreundlich. Fehlten wir etwa?

Tinto. Signora! ich wimmere mit Ihnen. Mein Herz beugt sich unter der Last, die es drückt. Aber werfen Sie immer noch den größten Theil der Ihrigen mit auf mich. Ich muß tragen, denn ich habe nichts verloren.

Kampano. Vergeben Sie ihr, Tinto. So sehr mein Unglück in meinem Herzen brennend wühlt, so kann ich doch nicht ungerecht seyn.

Tinto. Glauben Sie, daß es mich minder brennt? Kein Geschäft, bey dem ich zugegen war, bey dem ich Hand anlegte, ging noch unglücklich, und eben dieses — wo es alles so wohl angewandt schien, wo eben das ganze Vermögen eines Rechtschaffenen aufs Spiel kommen mußte, eben dieses geht zu Grunde, und mit ihm eine so seltne häusliche Ruhe, eine so friedliche Familie — Gott! Lauretta!

(Lauretta tritt ein und faßt allen die Hand.)

Kampano. Sehen Sie, Tinto, wenn nur diese nicht wäre. So schuldlos, so einfältig, ach! erzogen, um nie mit Bedürfnissen bekannt zu werden. Wenn ich sie ansehe, Tinto, dann fährt's hoch auf in meiner Brust, dann schlägt es wider die Wände, die es umklammern, dieses Herz, dann treibts all mein Blut zu Kopfe, und regt da oben alles zum Morde auf.

Lauretta. Vater! Sie erschrecken mich. Ich sahe Sie noch nie in dieser Laune. Ihre Laura lernte mancherley, womit sie die Last des Lebens Ihnen erleichtern könnte. Ueberdem, sagt Tinto, der Kardinal —

Gabriele. Richtig! Der Kardinal. Du bist ein gutes Kind, Laura, wir hätten ihn vergessen. Auf, Kampano, geh zum Kardinal. Tinto wird dich begleiten. Er ist Seiner Eminenz Busenfreund, was er ihm sagt, darauf hat er Acht.

Lauretta (bittend zu Gabrielen.) Er soll gehen, Mutter?

Kampano. Und wer sonst, Mädchen? Ich will nicht hoffen —

Gabriele. Laß sie doch ausreden, Kampano. Immer fährst du sie an, sie ist ja der einzige Schaz, den wir jezt haben.

Kampano. So sprich, Laurette!

Lauretta. Darf ich reden, Vater — alles sagen, was ich denke? Wollen Sie nicht böse seyn?

Kampano. Laura! War ich schon ernstlich böse auf dich? Zürnte ich ja, wars dann nicht zu deinem Besten? Rede, Mädchen, rein vom Herzen weg, nur zerbrich mir das meinige nicht.

Lauretta. Wie sollte ich das können, mein Vater? Hören Sie mich. Sie wollen zum Kardinal. Sie sind beleidigt, zu Grunde gerichtet. Sie haben bitteres Gefühl darüber im Herzen. Bey dem Gefühl kann man nicht bitten. Man erzählt, schildert sein Leiden, spricht von gerechter Rache, die immer im Busen kocht, und ein Kardinal, ein Mann, der an Vergeben gewöhnt ist, der heiliger denkt als wir, nimmt das anders als Sie es denken, schließt falsch auf Ihren Charakter, sagt Ihnen vielleicht ein Wort, das Sie prüfen soll. Dies macht Sie im Gegentheil hizig, Sie vergessen sich, unsre ganze Hofnung ist dahin.

Gabriele. Wahrhaftig, sie hat Recht. Nicht wahr, Tinto?

Tinto. Was soll ich sagen? sie spricht wie ein Engel. Wer kann ihr widerstehen?

Lauretta. Aber, Vater, wenn ich bitte, so bitte ich für Eltern. O da kann man so hinreißend bitten, daß das härteste Herz erweicht wird. Da mischt man soviel Sanftes in seine Bitten, daß der rauheste Mann mild wird, soviel Wärme, daß Eis sich zur Hitze umschafft. Lassen Sie mich gehen und bitten.

Kampano. Was ich fürchtete — Du nach Rom — du Laura! sollt ich mir das denken können, daß ich dich in diesem Wechelplatze aller Laster sehen würde? Lauretta, er ist sehr schwer, der Schritt von deiner Tugend zum Laster, aber ist er gethan, dann ist's bis zur gemeinen Buhlerin auch kaum eines Strohhalms weiter.

Tinto. Vater! Warum das einer solchen Tochter?

Kampano. Doch! doch! Tinto. Sie hört es nur einmal von mir. Und ich hoffe, einmal so gehört, soll es haften. Ja, Laura, du sollst reisen, aber ich gehe mit. Ich wollte nicht wieder nach Rom. Nun gehe ich.

Tinto. Nein! Kampano, das geht nicht. Sie allein, oder Lauretta allein. Sollte Kampano sich das Ansehen geben wollen, als ob er die schöne Tochter schickte, da er selbst kommen kann? Ist er da, so fällt jede Entschuldigung weg.

Kampano. Und wenn er in Pisa bleibt, fällt sie so ganz weg?

Tinto. Das zu entscheiden, kömmt nicht mir zu.

Gabriele. O über euch Männer! mit euren Bedenklichkeiten! Du kannst nicht zum Kardinal, also bist du auch in Rom nichts nutz. Tausend Entschuldigungen fallen da für eine. Laß den Schreck über dieses Unglück die erste und die letzte seyn.

Kampano. Muß ich nicht nachgeben? Tinto. Da haben Sie sie. (Er führt Lauretten zu ihm.) Der Himmel hatte einst ein Wohlgefallen an mir. Er gab mir diesen Schatz. Gerade in dem Zeitpunkte, wo ich ihn erhielt, bekam ich mein Gut und meinen ganzen häuslichen Frieden. Du weißt's, Gabriele, von welchen Plagegeistern der Himmel mich da befreyete. Das war der Augenblick, wo ein Glück mich anlächelte, was Dauer von Ewigkeit mir zuzunicken schien. Die falsche Seite blieb sie

zehn Jahr verſteckt. Jezt zeigt es ſie. Ein Augenblick hob mich — einer macht mich ſinken.
Das Gut und der Friede ſind dahin. Dieſe hab'
ich ja noch. Lauretta! Laura! noch hab' ich dich.
Aber du mußt fort, ſonſt hätt' ich ja nicht alles
verloren. Ich ſehe wohl — es muß alles hinge-
hen.

Lauretta. Vater, ich komme ja wieder.

Tinto. Und, Kampano, Sie vertrauen ſie ja
mir an.

Kampano. Ja, Ihnen, Tinto, vertraue ich
ſie an. Das wollte ich Ihnen noch ſagen. Sie
blüht, das ſehen Sie. Sie kann ſinken, wir alle
ſind dem Zufall unterworfen. Raubt ſie der, ſo for-
dere ich ſie nicht von Ihnen. Raft ſie der Tod dahin, ſo werde ich ſagen: Tinto, das war mir be-
ſchieden — Aber wird ein Böſewicht ihr Räuber,
entfärbt ſie ein giftiger Hauch Roms, kömmt ihr
irgend, merken Sie ſich das wohl, unter der Larve
der Heiligkeit einer der vielen zu nahe, die dieſe
Blumen ſuchen; dann Tinto, mit Höllenfeuer
ängſtige ich ſie von Ihrer Seele, und kann ich's
nicht, ſo trage ich's dem über uns auf, daß er Sie
ſuche, und tauſendfach ſo verderbe, wie Sie ſie ver-

dorben — Vergeben Sie das dem Vater. Laura,
leb' wohl!

(Er küßt sie und geht ab)

Lauretta. (weinend) Jezt können nur Thränen
dir diese Liebe vergelten, aber bald, hoffe ich, soll
es Wirklichkeit. Adieu, Mutter. Kommen Sie,
Tinto; die erste Minute unserer Rückkehr ist die
erste seiner erneuerten Seligkeit.

Rom.

Palaſt des Kardinals.   Vorzimmer.

Kardinal.   Pater Tinto.

Kardinal.

In einer Stunde, ſagen Sie, wird ſie hier
ſeyn, und mich bitten.

Tinto.   Ew. Eminenz können ſich darauf verlaſſen.   Sie ſagte mir es ſelbſt.

Kardinal.   Sie ſelbſt? Und iſt wirklich noch
ein ſo unſchuldiges Kind.

Tinto.   Wirklich ſo unſchuldig, wie ſie aus
Mutterleibe gekommen.   Erziehung, Rechtſchaffenheit der Aeltern —

Kardinal.   Bigotterie wollen Sie ſagen —

Tinto.   Bigotterie der Aeltern, wollt' ich ſagen, haben dazu das ihrige beygetragen.

Kardinal.   Wahrhaftig eine Seltenheit in
ihrer Art.   Tinto, Sie haben mich in eine aus-
nehmende Freude verſezt.   Ich werde Sie belohnen.   Aber Sie haben mir noch nicht eigentlich

gefagt, wie Sie die ganze Sache angefangen, und
was Sie mir darüber geschrieben, ist wegen meiner überhäuften Geschäfte mir größtentheils wieder entfallen. Ich wüßte keine angenehmere Unterhaltung bis zu Laurettens Ankunft, als wenn
Sie mich von der Art der gemachten Prise unter-
hielten.

Tinto. Ew. Eminenz befehlen nur. Wie
Sie die Gnade hatten mir aufzutragen, ich sollte
die schöne Pisanerin für Dero Rechnung in Au-
genschein nehmen, so machte ich mich auf den Weg
dahin. Unser einem dürfen die Häuser nicht ver-
sperrt werden, und ich ward freundlich bey Laurettens Aeltern aufgenommen.

Ich sahe Lauretten, und wurde beym ersten
Anblick gewahr, daß nicht leicht Ew. Eminenz
mit einer bessern Waare versorgt worden wären.
Wie ich sie gesprochen, war ich nicht weniger
überzeugt, Ew. Eminenz würden mit der lieben
Einfalt nicht gar zu lange zu kapituliren bräu-
chen.

Kardinal. Sie schrieben mir aber von Hindernissen —

Tinto. Ganz richtig, die ich in vollem Maaße
fand, als ich bey den Aeltern wegen der Bestim-

mung Laurettens auf den Strauch schlug. Ich
ließ von den Vorzügen des lieben Geschöpfs, von
der Bildung, von der Sittsamkeit verschiedenes
fallen, und bemerkte, daß in Rom dergleichen äuf-
serst selten, und man wie ein halbes Wunder betrachtet werden könnte.

Die schlaue Antwort des Vaters hierauf war:
man würde in Rom nur nicht lange dieses Wunder bleiben. Verderbniß der Sitten sey ein zu
ansteckendes Uebel. Der unüberlegte Mann ließ
sich sogar so weit verblenden, daß er nicht unebne
Anspielungen auf die Lebensart der Geistlichen,
besonders der Großen, und auf ihre Geschicklichkeit in Verführung junger Mädchen machte.

Kardinal. So? — Wer ist doch der Mann
eigentlich? Es ist mir so im Traume —

Tinto. Landedelmann, Ew. Eminenz, der
sich aber mehr in Pisa aufhält, so eben recht ge-
mächlich von den Einkünften seines Gutes lebte —

Kardinal. (lachend.) Das Sie ihm so treflich
aus den Händen gespielt — Glück zu, Pater
Tinto!

Tinto. (betroffen.) Ich, Ew. Eminenz? —

Kardinal. Vor mir brauchen Sie den Geheimnißvollen nicht zu machen. Ich kenne Ihren Geschäftsträger —

Tinto. So kann ich's wohl übergehen, wie ich den Alten an den Bettelstab brachte —

Kardinal. Springen Sie darüber weg. Solche Episoden sind nicht angenehm. Mir liegt daran, wie Sie den heutigen Auftritt vorbereiteten. Wie brachten Sie mich ins Spiel? Wer gab zuerst nach? Vater, Mutter, oder Mädchen?

Tinto. In Ansehung des Besuchs bey Ihnen, Lauretta selbst. Sie bauete sehr viel auf ihre Kunst zu bitten. Sie werden sehen, Kardinal, daß sie schön bitten kann. Aber wie ich Ew. Eminenz ins Spiel brachte, da doch ein gewisser Ruf —

Kardinal. O, Tinto! ich weiß, Sie sind Meister in dergleichen.. Sie widersprachen dem —

Tinto. Nichts weniger, Ihro Eminenz.

Kardinal. Nichts weniger? Wie soll ich das verstehen?

Tinto. Hätte ich dem Rufe widersprochen, ich hätte mich gleich verrathen. Meine Charte

hätte gerade die angelegte geschienen: Ich hätte
mein Zutrauen verloren, und hätte es nicht wagen dürfen, Ew. Eminenz als Mittelsmann vor-
zuschlagen. So sagte ich, man könne nicht wissen, was der Ruf Wahres und Falsches verbreite.
Die tausendzüngige Fama hat auf der Hälfte ihrer Zungen Honig, auf der andern Hälfte Gift.
Ich hätte Handlungen von Ihnen gesehen, denen man nicht den entferntesten Schein von Eigennutz selbst bey Damen von medizeischer Schönheit beylegen können. Ich glaubte wohl, daß
Sie mit Fleisch und Blut zu kämpfen hätten,
wie jeder, der das närrische Gelübde der Keuschheit ablegen müßte, ich wäre fast überzeugt, daß
Sie wie jeder Adamssohn Schwachheiten hierin
untergelegen. Allein, daß dieses sich bis auf Begierde beym ersten Anblick, bis auf Verführung
der Unschuld erstrecke, das könne ich dreist ableug-
nen, weil ich Proben des Gegentheils gesehen.
Der Ruf, sezte ich hinzu, den man über Ew.
Eminenz sich entschlüpfen läßt, rührt wohl von
der Menge zweydeutiger Damen her, die ein Recht
an die Herren dieses Standes zu haben glauben,
und nicht kalt vor Ew. Eminenz schöner Person
vorübergehen.

Erster Theil.   **B**

Kardinal. War Laurette bey diesem Gespräch gegenwärtig?

Tinto. Da hätt' ich's nicht wagen dürfen, manche Dinge dieser Unterredung vorzubringen. Aber was den letzten Punkt betrifft, so habe ich nichts versäumt. Ew. Eminenz stehen im Sinn des Mädchens wie ein Göttersohn voriger Zeiten, und da ich überzeugt war, daß die Wirklichkeit der Erwartung entsprechen würde, so hat die Schilde-rung keinen Strich der einleuchtenden Wahrheit übergängen.

Kardinal. Ich bleibe meine Erkenntlichkeit schuldig, Tinto, und in welcher Zeit —

Tinto. Ich diese Idee werden ließ? Natür-lich in der Zeit, wo noch von keinem Unglück die Rede war, wo man gar nicht denken konnte, daß man Ew. Eminenz Hülfe je bedürfen würde, wo es allgemein über die Großen herging, und hin und wieder selbst ein Wörtchen vom heiligen Va-ter verstohlnerweise sich einschlich. Gäb' es noch Inquisition, zehnmal an einem Abend hätt' ich Gelegenheit gehabt, die Familie in die Keller der-selben zu bringen.

Kardinal. Wie können Sie nur daran ben-ken, Tinto? Das sind Wege für alte Wollüstlinge,

die kein Blut mehr in ihren Wangen haben, die
blos wie der Tod jedes blühende Mädchen verscheu-
chen, die durch solche teuflische Mittel siegen, um
zu verderben, nicht um zu genießen. Ihre Einbildungskraft spielt den markleeren Schächern Freuden unendlicher Wollust vor, und ehe sie zum Zweck
kommen, sind sie schon erschöpft. Was können
solche Schlachtopfer mitfühlen, und was ist Genuß
ohne Mitgefühl?

Tinto. Wie herrlich Ew. Eminenz das alles
definiren! Indessen hat es doch vollwangige In-
quisitoren gegeben, denen die Backen von Röthe
hätten platzen mögen, und die ins Centrum ihres
Ichs so stark hineinarbeiteten, daß es unmöglich
an Reiz zum Wiedergeben fehlen konnte.

Kardinal. Denen es aber auch nur um's Wiedergeben zu thun war, und die blos, weil sie es so
haben konnten, neue Gegenstände nahmen. Einem trunknen Augenblicke opferten sie oft eine
Rose, die, weiß wie die Unschuld, erst mit dem
Blute einiger Verwandten gefärbt werden mußte,
ehe sie sie brechen konnten, und die sie, so viehisch
gebrochen, ihrem ganzen Elend überließen. Wer
den Zeitpunkt gewußt hätte, hätte ganz dreist eine
der alten Vetteln, die in den Inquisitionskellern

aufwarteten, ihnen unterſchieben können, und ſie
hätten ſich nicht minder ſchön daran erbauet.
Wir, Tinto, verſtehen das Ding beſſer. Wir
genießen das eine mäßig, um das andere in deſto
größerm Maaße zu fühlen. Wie ſollte ich's nur
denken können, daß Laurette, ſo ſchön ich ſie mir
vorſtelle, mir noch ſchön ſeyn würde, wenn ſie bange
Tage hindurch eingeſperrt ſich die Augen roth geweint, und zitternd zu mir hereinträte. Dagegen ſtellen Sie ſich in den Wirkungskreis meines
Plans. Das Mädchen wird mich beſchämt anſe-
hen, und bald wird meine Güte ſie die Augen auf-
ſchlagen, und mir freundlich ins Geſicht ſehen laſſen. Ein Spiegel vom Glück ihrer Aeltern wird
den erſten Keim der Liebe zu mir in ſie legen.
Mein Stand wird ſie glauben machen, ſie handle
recht, wenn ſie meinen Begriffen mehr zutraut,
als den ihrigen. Wenn ſie ſchon ſehr weit hinein
ſchuldig iſt, muß ſie noch glauben, ſie ſey unſchuldig — oder wahr geſprochen, muß es noch ſeyn,
denn die Unſchuld eines Mädchens iſt doch wohl
nur Chimäre, eine Wachslarve, die bey der einen
im zwölften, bey der andern im vierzehnten, bey
der dritten im achtzehnten Jahre von der annä-
hernden Hitze zerſchmilzt. Dieſer ließ man noch

keinen Strahl zu nahe kommen, aber dafür wirkt auch der erste desto stärker, weil innere Reise gegenwirkt.

Tinto. Ich wüßte mich nicht zu entsinnen, daß ich einen so tiefen Denker über diese Materie gehört hätte. Schade, daß Laurettens Vater dem Kommentar keinen Glauben beymessen würde.

Kardinal. Das wäre mir nicht einmal lieb, Tinto. Mädchen kaufen, das kann jeder meines gleichen. Vater, Mutter und Tochter in seine Börse verliebt machen, das fällt den Kardinälen nicht so schwer. Aber eine Lauretta, immer so sie genommen, wie Sie sie schildern, in sich verliebt machen, da möcht' ich wohl das ganze Korpus zu einer Wette einladen.

(Es wird geklingelt.)

Sie wird kommen; ich will mich einen Augenblick entfernen. Empfangen Sie sie.

(ab.)

Lauretta. Tinto.

Lauretta. Ich dank' Ihnen, Tinto, daß Sie hier sind. Fast hab' ich den Muth verloren; nur Ihre Gegenwart konnte ihn wieder beleben.

B 3

Tinto. Schüchterne Taube! Was fürchten
Sie? Sie haben mit keinem brummenden Alten
zu thun. Sie werden einen jungen, schönen,
freundlichen Mann sehen.

Lauretta. Eben das ist's, was jedesmal mich
zusammenfahren läßt. Wär' er ein ehrwürdiger
Greis, Tinto, ich könnte so mit ihm sprechen, wie
ich mit meinem Vater rede. Naturgefühle würden von meinen Lippen strömen. Kindlich könnte
ich seine Hände küssen, seine Knie umfassen; eine
Tochter braucht ihre Worte gegen den, den sie
als Vater betrachtet, nicht auf die Waage zu legen. Aber der schöne junge Mann —

Tinto. Wird doch nicht beym ersten Anblick
so sehr auf Ihr Herz wirken, daß Verlegenheit —

Lauretta. Spott, Tinto, hab' ich nicht verdient. In der Lage, in der ich bin, ist ein solcher Gedanke schon grausam —

Tinto. Sollt's auch nicht seyn, Spott —
Ich wollte Ihre Gedanken nur von dem Gegen-
stande abbringen, der Sie so trübe macht.

Lauretta. Auch das sollten Sie nicht thun.
Je trüber ich erscheine, desto besser ist's. Die
Idee schon macht mich zittern, daß der Kardinal
denken könnte, irgend eine andere Absicht brächte

mich zu ihm. Wenn ich seine Hand küßte, und
küßte sie zu feurig, wenn ich seine Knie umfasse,
und zu warm sie drücke, wenn mein bittendes Auge
aufblickt, und ein solcher Blick schiene ihm — O
Tinto! warum haben Sie mich mit dem bekannt
gemacht, was man in Rom denkt? Vater! Warum hast du mir die Gefahr so groß geschildert?
Gewiß, Tinto, ohne Sie hätt' ich nicht gewußt,
der Kardinal könne schön seyn, ohne meinen Vater nie, er könne mir gefährlich werden.

(Die Flügelthüren springen auf, der Kardinal
tritt ein.)

Kardinal. So warm, gutes Kind! Gewiß
war die Rede von Ihrem Vater?

Lauretta. (wirft sich vor ihm nieder, und küßt ihm
mit äußerster Inbrunst die Hand.) Von meinem Vater, Ew. Eminenz, von dem unglücklichen, nie-
dergebeugten, den schreckliches Unrecht aus der
friedlichen Lage riß, und in eine Hölle von Leiden
warf. Ein Bösewicht, schwärzer als Finsterniß,
kälter als Frost, gieriger nach Raube, als der Ty-
ger nach Blut, (bey diesen Worten lächelt der Kardinal
Tinto an) hat den besten aller Väter um Vermögen
und Erdenseligkeit gebracht. Man sagt mir, Ew.
Eminenz könnten ihm beides wiedergeben. Woll-

ten Sie es nicht? Könnten Sie taub bey den
Bitten einer Tochter seyn, die in diesen Vater ihre
ganze Glückseligkeit sezt.

Kardinal. Stehen Sie auf, liebes Kind.
Ich bin nicht der heilige Vater, daß Sie vor mir
zu knien brauchten. Ich bin ein Mensch, wie
Sie. Sie können mir Ihre Noth klagen, ohne
sich vor mir zu demüthigen. Sie sind eine edle
Pisanerin. Ihr Vater hat Ansprüche auf die
Theilnehmung eines jeden unter uns; wie sollte er
es nicht auf alles haben, was ich für ihn thun
kann?

(Er hat Lauretten aufgehoben, und führt sie zu
einem Sopha.)

Setzen Sie sich; ich bin von Ihrem Anliegen,
ich bin von der Lage Ihrer Aeltern unterrichtet.
Ich lasse mich nicht gern viel bitten, wo ich helfen kann. Ich habe meinem Cassirer befohlen,
dem Pater Tinto tausend Dukaten für Ihren Vater einzuhändigen, damit er den Prozeß gegen den
Benvoglio anhängig machen kann. Er muß dort
arbeiten, wir hier. Tinto, Sie werden sich morgen gleich wieder auf den Weg machen, das Geld
und einen Brief von mir zu überbringen.

Tinto. Aufs pünktlichste, Ew. Eminenz, wird alles besorgt werden.

Lauretta. (ängstlich) Darf ich noch eine Bitte wagen?

Kardinal. Wünschen Sie nur, Kind. Bitten ist hier in der That überflüssig.

Lauretta. Wie wonnevoll würd' es für mich seyn, meinem Vater selbst diesen Brief zu überbringen, ihm zu sagen, wie gütig Ew. Eminenz mich aufnahmen, wie ein Engel des Himmels aus Ihren Augen sogleich Seligkeit auf mich herabgoß!

Kardinal. Sie legen mir zu viel bey, edles Mädchen. Gewiß, ich fasse es, wie wonnevoll der Auftritt für Sie seyn müßte: und ich weiß nicht, was ich dafür anwendete, wenn ich ihn erfüllen könnte. Aber sehn Sie, ich habe schon Sr. Heiligkeit Eröffnung von der Sache gemacht, und er hat sich's merken lassen, er werde selbst Ihren Besuch verlangen. Ich sehe nicht gut ein, wie ich mich herausreden will, wenn er schicken sollte, und die Verlegenheit, in die Sie mich sezten —

Lauretta. Das wollte ich nicht, Ew. Eminenz. Ich muß tausendmal um Verzeihung bitten, daß ich so dreist war; aber um des kindlichen Gehorsams willen, noch eine Frage —

Kardinal. So viel Sie wollen, Kind. Ihre Offenherzigkeit macht mir viel Vergnügen, nur bedaure ich, daß Sie dabey so ängstlich sind —

Lauretta. Mein Vater hat mich der besondern Aufsicht des Pater Tinto anvertraut. Könnten Ew. Eminenz nicht —

Kardinal. Einen andern schicken? Das könnte ich wohl. Aber keinen so vertrauten. Keinen, der nicht irgend etwas in der Sache verderben könnte. Dem Uebel aber, Kind, wollen wir auf andre Art abhelfen. Die besondre Aufsicht übernehme ich, und damit Sie nicht etwa durch Nachrede übelgesinnter Menschen litten, so soll Pater Tinto Sie diesen Nachmittag zu meiner Schwester, der Gräfin Medina, begleiten. Sie werden eine gute Frau an ihr finden, und sie wird suchen, Ihnen Rom angenehm zu machen. Mich rufen itzt Geschäfte. Verzeihen Sie also.

(Lauretta will ihm die Hand küssen, er zieht sie zurück, und geht ab.)

Lauretta. Noch kann ich nicht zu mir selbst kommen.

Tinto. Und ich stehe so erstaunt da, daß ich kaum weiß, was ich denken soll.

Lauretta. Wie so, Tinto? Ist Ihnen etwas aufgefallen? Ist nicht alles so, wie es seyn sollte? Der Kardinal ging doch nicht ungehalten weg? Wie?

Tinto. Wie kommen Sie auf das? Nein; über seine Güte, über seine Herablassung, über die edle, uneigennützige Milde bin ich erstaunt. So hab' ich ihn noch nie gesehen.

Lauretta. Da haben Sie in der That Recht, Pater. Glauben Sie mir, ich würde auch außer den Gränzen froh seyn, wenn nicht mein Hierbleiben mich niedergeschlagen machte. O Tinto, wie wird mein Vater sich grämen, wenn ich nicht mitkomme! Wie schwarz werden seine Vorstellungen von dem seyn, was mir hier bevorsteht! Er hat den Kardinal nicht gesehen. Er kann nicht wissen, wie liebreich, wie gütig er ist. Er macht sich Bilder — Tinto! wenn ich heimlich, schnell, pfeilschnell hin und her flöge, daß er mich wenigstens sähe, nur auf eine Stunde, eine Minute, einen Blick, wenn's nicht anders wäre.

Tinto. Ich überlasse das Ihrem Gefühl, Fräulein. Aber ich gebe Ihnen nur zu bedenken,

wenn Seine Heiligkeit schickten; Sie wären nicht
da; der Kardinal fände sein Zutrauen hintergangen; er ist Mensch, kann seine Hand abziehen;
der Erfolg, daß —

Lauretta. Nicht weiter, nicht weiter, Tinto.
Ich sehe, es geht nicht. O ich Unglückliche!

Tinto. Ungenügsame, wollen Sie sagen.
Sie verlangen alles auf einmal.

Lauretta. Gab ich mir dieses ungestüme Gefühl für Kampano? Können Sie dem nichts zu
gut halten?

Tinto. Alles, Lauretta, aber Sie können ganz
ruhig seyn. Der Brief des Kardinals — meine
persönliche Versicherung — ein Brief von Ihnen —

Lauretta. Ja, ein Brief von mir. Warten
Sie aber, bis ich die Gräfin gesehen. Wenn sie
des Kardinals Güte, seine Tugenden besitzt, o
dann kann ich mich von zwey Seiten meinem Vater so sicher schildern. Das wird seinem Herzen
Trost geben.

Tinto. Und nun nehmen Sie die unerwartete
Freude dazu, daß seine Sache in so guten Händen
ist, die so nahe Hoffnung, sein Gut wieder zu erlangen. — Und einsehen muß er's ja, daß Sr.

Heiligkeit Wort etwas gilt, daß man da nicht widersprechen kann. — Sehen Sie nun bald alles ein,
Lauretta?

Lauretta. Ja! Meine Furcht war kindisch.
Ich will sie zu überwinden suchen. Ich will mir
alle Mühe geben, anders zu denken. Nur machen Sie ihm meinen Zustand recht glücklich, glücklicher als er ist. Um seiner Ruhe willen will ich
selbst der Wahrheit ein wenig zu leide thun, will
ihm schreiben, ich wäre sehr ruhig — Aber es ist
nicht wahr, Tinto, ich bin ängstlich, und werde
es bleiben, bis das alles zu Ende ist.

(Beide ab.)

Pisa.

Kampano's Wohnung.

Gabriele (fitzt und arbeitet.) **Kampano** (lieſt aus einer Legende der Heiligen.)

Kampano (ſchmeißt das Buch zu.)

Alles Lügen! Lauter Pfaffengewäſch! Mag's glauben wer will, ich nicht.

Gabriele. Das iſt's, worüber ich Nacht und Tag, Woche und Jahr predige. Alles verwerfen, was man nicht mit Händen greifen kann. Immer klüger ſeyn wollen, als der liebe Schöpfer. Kampano! Du biſt herzensgut, aber mit deinem Glauben mag ich meine Seligkeit nicht erwerben. Die Wunder zu verwerfen!

Kampano. Wollen Wunder gethan haben, und thun in allen Ecken, und iſt keiner im Stande, meine Tochter oder mein Gut herzuwundern. Jezt iſt das Mädchen nun in Rom!

Gabriele. Ich habe den ganzen Morgen zur heiligen Jungfrau für ſie gebetet.

Kampano. Ich habe nur ein kleines Wörtchen mit Gott über sie gesprochen. Ich denke,
wenn er hören will, wird er darauf eben so gut
hören, als wenn ich ihm da so vieles vorleyere;
und will er nicht hören, basta! Zanken kann man
sich doch nicht mit ihm.

Gabriele. Du könntest mir wohl, wenn du
nicht mehr lesen willst, erzählen, wie es eigentlich
mit dem Verlust unsers Guts zuging. Vorbey
ist's einmal, und wissen möcht' ich's doch.

Kampano. Wart. Ich will's erzählen.
Vielleicht wird mir's besser, wenn ich noch einen
Zusatz von Galle kriege. Seitdem das Mädchen
weg ist, ist mir's gerade wie einem, der ein Vo-
mitiv im Leibe hat, das nicht fort will. Da ist
sonst nichts besser, als mehr drauf.

Du erinnerst dich noch des Erzschelms Benvoglio, wie er zum erstenmale uns besuchte, mit
einem Gesichte, daß man hätte glauben mögen,
es wäre der heilige Laurentius, wie er auf dem
Rost gelegen.

Gabriele. Ihr traut ja immer so viel auf
eure physiognomischen Kenntnisse. Ich will nichts
sagen, aber hättest du mich nur im Zimmer gelassen —

Kampano. Schwelg, Gabriele; weil ich angeführt bin, hab' ich darum schon Unrecht. Der verdammte Kerl hat mich um alles gebracht, und doch thät' ich's morgen wieder, wenn ich's hätte, und es käme mir so einer. Nimm mir's nicht übel, aber mit deiner Hartherzigkeit wirst du auch in Abrahams Schooße keine große Figur spielen. Was haben dir all deine Heiligen, und dein Puzzen und Anbeten geholfen? Keiner ist wieder zu dir gekommen. Saldezzino hat sie mit samt dem Gute.

Gabriele. Eben der Saldezzino bleibt mir ein Räthsel.

Kampano. Mir nicht, weil ein Schurke keins seyn kann. Aber zur Sache. Also Benvoglio packt da mit seinem Kram aus, bringt Documente von Venedig mit Senatssiegeln und allen Teufeln von Klauseln und Beglaubigungen, daß ihm ein Schiff in Beschlag genommen, weil sein Schiffer die Zölle betrogen. Der hat nicht gut seyn gemerkt, ist davon gegangen in alle Welt, und hat das zu Pulver fast vermoderte Schiff den Herren Senatoren als Prise gelassen. Das wird angeschlagen, feilgeboten; will kein Mensch mehr als hundert Piaster vor den Untergangsbal-

ken zahlen. Zehntausend Dukaten machen Zölle
und Strafen. Die liebe Gerechtigkeit darf bey-
leibe nicht zu kurz kommen. Man hält sich an die
Waaren, obgleich der Besitzer blutunschuldig an
dem allen ist, und beweist, der Schiffer habe auf
seine eigne Rechnung dem unverletzlichen Accisamt
X vor U machen wollen. Binnen drey Monaten
soll Benvoglio die zehntausend Dukaten bezahlen,
oder die Waare ist verfallen.

Jezt werden die Rechnungen von den Kauf-
leuten beygebracht, und bewiesen, die Waare sey
über 50,000 Dukaten am Werth. Der Mann
ist ruinirt, wenn ihm niemand hilft. Wucherer
lassen sich nicht ein, der Wucher steht zu blos da.
Sogenannten ehrlichen Leuten ist die Sache miß-
lich. Ich frage Tinto um Rath. Der Mann
wird verlegen. Pater, sagt' ich, den Menschen
nicht beyseite gesezt, um dem Freunde nicht zu
nahe zu treten.

Wenn Sie das Geld haben, fährt er rasch heraus, so geben Sie's.

Ich hab's nicht, erwiedere ich, ich müßt's
auf's Gut nehmen. Das ist hart, antwortete er,
da weiß ich kaum zu rathen. Ich konnt's ihm

Erster Theil.   C

nicht verdenken. Nun, sag' ich, ich thu es vor
meinen Kopf.

Zwey, drey Häuser, wo der Credit mir immer angeboten war, schlagen mir's jezt ab, sogar
auf Hypothek ab. Nun fällt mir die Geschichte
ein, wie ich die Societät vor'n Kopf stieß, und
nicht Mitglied werden wollte.

Gabriele. Ich sagte dir's wohl damals, du
solltest es nicht darauf ansehen.

Kampano. Nicht drauf ansehen? Gabriele,
möcht's noch immer gewesen seyn, um die funfzig
Dukaten, die alle Jahre gewiß drauf gehen, obgleich ich's auch nicht wegzuwerfen hatte, um den
Großprahlern die Gurgel zu schmieren. Aber die
Schwindsucht hätte ich mir an den Hals geärgert,
wenn ich dabey gewesen. Das ist ein Geschrey
von Menschenliebe und Wohlthätigkeit, welche
die Gesellschaft stiftet, und betrachtet man's beym
Lichte, da fressen sie sich alle Monate einmal im
Köstlichsten dick, was nur zu bekommen, und sau-
fen die Weine selbst, die sie den Traurigen in ihren Gesängen bestimmen. Ihre Wohlthaten be-
stehen darin, daß sie durchreisenden Müßiggän-
gern, die zu ihrer Sekte gehören, Viatica geben,
daß sie wie Prinzen reisen können; und geben sie

zu einer öffentlichen Sache, die ehrenhalber sie nicht
vorüberlassen können, ein paar hundert Dukaten,
so wird ein Wesens gemacht, als wenn sie allein
der Mittelpunkt des Menschenglücks wären, —
und im Stillen, die Heuchler die! schleichen sie
vor dem Bettler vorüber; der sie um einen Denar
anspricht.   Wo ich in einer Verbindung der Ta-
gediebe mehr als der wirksamen Menschen überse-
hen kann, da bin ich Patron gewesen.

Gabriele. Nur gelassen, Kampano. Nun,
und Saldezzino —

Kampano. Also übergab ich's dem Pater
Tinto, sagte ihm, er möchte das Geld schaffen,
gab ihm Vollmacht aufs Gut.   Er treibt den
grundehrlichen Saldezzino auf, der hier mit Geld
angekommen ist, um sich ein Gut zu kaufen. Hätt'
ich doch den Braten merken sollen, wie er mir
mein's feil machte, und so süß einschwatzte, ich
lebte ja fast immer in der Stadt. — Nein, Herr,
sagte ich, die paar Monate, die ich da zubringe,
können Sie mir mit allem Gelde nicht bezahlen.
Da hab' ich Gottes freye Luft mir eigen gemacht;
da hab' ich meine Blumen und meine Früchte von
Bäumen, Herr, die ich aus dem Kern gezogen
und gewartet — fast so, wie mein Mädchen da! —

(Er wischt sich eine Thräne aus dem Auge.) Weg ist
sie. — und weg sind die Bäume! — Wer weiß,
wie viele von meinen Lieblingen mir der Hund
schon weghauen lassen! Bube! Bube! Um was
hast du mich betrogen!

Gabriele. Weiter, weiter, Mann; ich begreif's noch nicht.

Kampano. Tinto sagte ihm trocken heraus,
er möchte jeden Gedanken auf das Gut fahren
lassen. Das verstand er, brach ab, und versprach
die zehntausend Dukaten. Jezt wird ein Document aufgesezt, Frau, so ehrlich, so gut. Da
heißt's, ich soll in drey Monaten die zehntausend
Dukaten zurückzahlen, und zum Unterpfand ist's
Gut verschrieben. Da hätte nun nothwendig erst
Klage und Gegenklage erfolgen müssen, und hätt'
ich's Geld nicht geschafft, dann wäre das Gut öf-
fentlich verkauft worden, und den Rest hätt' ich
herausbekommen. Das Document las ich durch,
vom Anfang bis zu Ende. Ich bekomme die
zehntausend Dukaten, Benvoglio bekommt sie gegen seine Handschrift, und geht nach Venedig, seine
Waaren zu holen.

Gabriele. Und nicht wiederzukommen —

Kampano. Das war die kleinste Spitzbübe-

rey, die konnte mir den Hals nicht brechen. Nach
fünf Wochen, die wir so ganz ruhig und friedlich
zubrachten, und nur uns wunderten, daß Benvoglio nicht schrieb, kömmt Tinto ganz außer Athem
in mein Zimmer, ein Zeitungsblatt in der Hand.
Ich frage, was ihm ist? „Bey allen Heiligen!
ruft er aus, ich bin der unglücklichste Mensch!
Ich habe Ihnen von dem Handel mit Benvoglio
nicht abgerathen, und der Kerl ist ein Spitzbube!"

Ich muß sagen, wenn ein Stern vom Himmel auf mich gefallen wäre, so hätt's mir kaum
schlimmer werden können, denn ich schnappte nach
Luft, wie der Fisch außer Wasser. Ich faßte
mich aber gleich wieder. Der arme Teufel von
Pater dauerte mich. Ich rede ihm zu, er soll sich
zufrieden geben, ich würde schon Geld schaffen,
und zehntausend Dukaten machten mich noch nicht
zum Bettler, weil das Gut zweymal so viel werth
sey.

Ich gehe auch zu den Gebrüdern Kapri, die
er mir als grundehrliche Leute schildert, und die
es auch sind, und gebe ihnen den Wein so klar,
wie er ist. Sie versprechen mir die zehntausend
Dukaten. Ich froh, wie ich noch nie gewesen,
zurück, erzähl's Tinto, und bringe ihn nun aus

der mißmüthigsten Laune, die er wohl je gehabt haben mag.

Gabriele. Und am Pater Tinto merktest du nichts, ob etwa er den Benvoglio gekannt —

Kampano. Mit deinem verdammten Mißtrauen! Keine Christenseele verschonst du! Wie kannst du nur den treuherzigen Mann in Verdacht haben? Die sieben Wochen vergehen noch. Den Tag vor dem Zahlungstermin bekomm' ich ein Billet von den Gebrüdern Kapri, mit einem eingeschlossenen Briefe aus Triest, wo ein Haus fallirt, an dem sie hunderttausend Dukaten verlieren. Sie stellen mir vor, sie müssen jeden Scudi jetzt anwenden, um selbst stehen zu bleiben. Nichts ist billiger. Ich muß mein unglückliches Gestirn verwünschen: ihnen aber kann ich's nicht zur Last legen. Ich bin außer mir, laufe zu Saldezzino. Der antwortet, sein Advokat werde den andern Tag mit mir sprechen. Tinto und ich erwarten in voller Angst den Zungendrescher. Er kömmt, will sein Geld, trotzt, und spricht von Klagen. Tinto fällt vor ihm nieder, der Bursche wird grob, mich überläuft die Galle. Marsch, Herr, sag' ich, zur Thür hinaus! Er geht brummend ab.

Gabriele. Da haſt du freylich aus einem Teufel zehn gemacht.

Kampano. Den andern Tag erſcheint die ganze Commiſſion, zeigen mir meine Unterſchrift; Tinto als Zeugen ebenfalls. Ich ſehe ſie an, erkenne ſie an, er gleichfalls. Jezt wird das Document mir vorgeleſen. Potz Element! Was ſtand da! Ich trete ihm für die gegebne Summe, wenn ſie nicht auf den Tag bezahlt wird, das ganze Gut, wie es liegt und ſteht, beweglich und unbeweglich, als Eigenthum ab.

Mir bleiben die Augen offen ſtehen. Tinto fällt in Ohnmacht. Die Herren empfehlen ſich, um Saldezzino das Gut zu übergeben. Ich bin in einer Minute Bettler, habe den ohnmächtigen Pater auf dem Halſe, und da trateſt du ein.

Gabriele. Ich wollte ſchwören, Tinto hätte mit den Augen geblinzelt, um zu ſehen, wie du dich begönneſt.

Kampano. Schon wieder. —

Amorſo (tritt ein.)

Kampano. Willkommen, alter Amorſo! Brav, daß du uns beſuchſt. Wie ſteht's draußen?

wie gefällt euch die neue Herrschaft? Stehn meine
Bäume noch? Alter Freund, geh du nicht weg.
Du kannst noch manches da beschützen.

Amorso. Ha! ich wollte, ich wäre gestorben,
Herr, ehe Ihr Euch zu dem kindischen Streich
verleiten lassen. Nehmt mir's nicht übel, aber
ich hab' Euch als Kind aufm Arme getragen, und
da merkt' ich schon die närrische Gutherzigkeit.
Man muß bedenken, daß wir noch auf der Erde
leben, und in keinem Paradies, wo die Menschen
Engel sind.

Rampano. Sey nicht böse, alter Junge. Alles ist noch nicht verloren.

Amorso. Das hoff' auch ich nicht. Auch hab'
ich Bemerkungen gemacht, die eben nicht wegzuwerfen sind. Saldezzino hat ein böses Gewissen.
Da behält man gemeiniglich Recht, wenn das einen Spitzbuben noch quält. Er fürchtet jeden
Windstoß. Er kriecht aus einer Ecke in die andere.
Er verwechselt alle Nacht das Bette. Das sind
Symptomata eines Erzschurken, der es weiß, daß
er einer ist.

Gabriele. Betet er denn?

Amorso. Alle Augenblicke fängt er an, aber
es will nicht fort. Bald steht er vor der Marie,

bald vor dem Pauluskopf, vor dem heiligen Fran-
ziscus am meisten. Er muß es nicht gewohnt seyn,
allein zu seyn. Er möchte sich besonders gern an
mich drängen. Aber ich schneid' ihm allemal ein
Gesicht, wie der verlorne Sohn in der Komödie,
wenn er die Hölle ins Auge kriegt.

Kampano. Das gerade solltest du nicht thun,
wenn du für uns handeln wolltest. In dem
Menschen liegt etwas so Geheimnißvolles, daß
man sich an ihn drängen, und ihn zu sich drängen
muß, um hinter sein schnelles Erscheinen, hinter
seine Ueberlistung des Paters, hinter sein böses
Gewissen, was du so deutlich bemerkst, zu kommen.
Man braucht nicht gerade den Schurken zu spielen,
um der Vertraute eines Schurken zu werden.
Man braucht nur Mitleiden mit dem Unangenehmen zu zeigen, was seine Lage verräth. Eine
kleine Verstellung bringt ihn dahin, uns für seines
Gleichen zu halten, und er ist mit seinen Geheim-
nissen heraus, ehe man sich recht Mühe darum
giebt. Greif es aber recht an. Aengstige ihn,
so viel du kannst. Setz' jede Feder in Bewegung,
um seine Furchtsamkeit auf den höchsten Grad zu
treiben. Sey dann seine einzige Zuflucht, und alles
wird gut gehen.

C 5

Amorſo. Herr, Ihr habt Recht. Ich brenne
ſchon vor Begierde, meine Kunſtſtücke an ihm aus-
zuüben. Ich will einen Schatten aus ihm machen,
ich will ihn peinigen, daß das Fegfeuer ihm ein
kühlender Tropfen ſcheinen ſoll, und er ſich die Hölle
als Labſal malt. Er ſoll beichten, und hätte er Lo-
retto's Schätze beraubt, oder dem Pabſte die
Schlüſſel geſtohlen. Er ſoll vor glühenden Zangen
nicht mehr zittern, das Rad für Seligkeit halten,
und nach dem Inquiſitionsſchmuck, wie nach einem
Panzer greifen.

Rom.

Palast der Markise.

Markise. Antonette. Hernach Eduard.

Markise.

Alles ist doch gehörig unterrichtet? Ich bin Wittwe, lebe als Fremde hier, weil mir's hier gefällt, bin keine Männerfeindin, aber kann nur einen lieben, und bin in dieser Wahl sehr ekel.

Antonette. Die lezte Vorsicht ist unnöthig, meine Gnädigste. Der Engländer ist so verliebt, Sie sind es so sehr, daß beide darüber keiner Erklärung bedürfen.

Markise. Er ist aber auch der schönste Mann, der mir je vorgekommen.

Antonette. In der That wüßte ich auch keinen schönern gesehen zu haben.

Markise. Nur bitte ich, daß Antonette ihn nicht etwa zu schön findet.

Antonette. Sie, Markise, haben nun wohl nicht Ursache, auf Ihr Kammermädchen eifersüch-

tig zu seyn. Ich weiß aber schon, was Sie sagen
wollen. Die Herren haben kleine Anfälle von
Veränderung, und in einem solchen — aber glauben Sie nur, wir verstehen unsre Jagd. Ausge-
zeichnetes Wild eignen wir uns nicht zu, um vielleicht die ganze Gerechtigkeit zu verlieren. Aber
so auf's erstemal sprechen, Markise?

Markise. O Antonette! Wohl schon zwan-
zigmal sprach ich ihn. Die Gräfin Ferrara hat
mir diese Gelegenheit gemacht. Er hat Geschäfte
dort, und sie hat mir jedesmal heimlich Nachricht
geben lassen, wenn er da war. So hielt er alle
diese Besuche für Zufall, und ich wußte meine
rasende Leidenschaft so im Zaum zu halten, daß er
sie nicht in so viel Stärke sahe, daß er dadurch
hätte abgeschreckt werden können. Aber ich wandte
alles, was ich ohne mich blos zu geben anwenden
konnte, an, um ihn zu locken. Wahr, er ließ
sich leicht fangen. O wenn ich ihn nur so finde,
wie ich ihn haben will, wenn er kein Flüchtling
ist, wenn er an der Liebe hängt, wie der Wille
am Vollbringen, dann ist er mein Mann, dann
hab' ich eine Eroberung gemacht, um die Rom
mich beneiden wird. — Etwas — ein wenig,
Antonette, hab' ich ihn schon erforscht. Er ist

entschlossen, fest, und deswegen mußt' ich auch diese Verstellung wagen.

Antonette. Wobey Sie immer sehr viel wagen.

Markise. Was wagt Liebe nicht? Oder wie kann man das wohl wagen heißen, was Liebe thut, da sie selbst auf der Waage steht, wenn man nicht zu wagen Muth hat. Siehst du nicht, daß ich im Augenblick gefallen bin, in dem Mylord erfährt, ich bin Weib eines Mannes.

Antonette. Da muß Ihr Mylord in der That eine ganz besondere Exception von der Regel seyn. Ich getraue mir in ganz Italien keinen Pendant zu ihm zu finden, der es nicht gern sähe, wenn seine Geliebte eine verheirathete Dame ist. Ein so seltenes Thier —

Markise. Respekt, Antonettchen. Eduard ist der biederste, großmüthigste —

Antonette. Das werde ich am besten beurtheilen können —

Markise. Immer Eigennutz — edelste Mann. Er ist offen, und schmeichelt nicht sehr. Aber seine Worte sind Worte der Wahrheit, mit durchdringendem Verstande denkt er, mit einnehmender Stimme spricht er, sein Auge rollt zum Tödten,

und begegnet mir sein Blick, so muß ich niederse=
hen.   Aber Ehre ist bey ihm die erste Stimme
der Natur, und Tugend steht neben ihr. Beide
machen ihn zum Halbgott.

Antonette. Schön, und fürchterlich. Bey alle
dem, gnädige Frau, so gut ich ihm seyn könnte;
gegen diese seine beiden Begleiter wage ich mich nicht
zu stellen. Sie werden ein Stück Arbeit finden.

Markise. Aber der Sieg, Mädchen, wird
auch herrlich seyn. Ich glaube, er kömmt! —
Ja! — es ist sein Gang. Wie bebt mein Herz!
Wie wallt mein Blut! Ha —

(Die Thüre geht auf; Eduard tritt ein, Anto=
nette ab.)

Markise (ihm entgegen.) Willkommen, Mylord
Eduard! willkommen in dem Hause, wo Sie schon
so lange erwartet wurden!

Eduard. Und welches ich gewiß eher besucht
haben würde, wenn ich eher gewußt hätte, daß ich
seiner Gebieterin nicht mißfallen könnte. Wozu
Weitläuftigkeiten, Markise? Wir haben uns oft
gesehen, oft gesprochen. Immer hat sich der Ein=
druck vermehrt, den Sie auf mich machten. Ich
war frey genug, ihn zu gestehen, Sie gefällig genug,

mich ohne Entrüstung anzuhören. Die Erlaubniß, Sie besuchen zu dürfen, war Nahrung für
mein Gefühl. Jezt bin ich da: aber ich werde
Ihr Haus nicht verlassen, ohne eine entscheidende
Antwort mit mir zu nehmen. Ist sie zu meinem
Vortheil, so machen Sie mich mehr als glücklich,
denn Sie erhalten ein Gefühl, das Sie mir zuerst
gaben, und welches ich ohne Ihre Hülfe wieder
von mir werfen muß. Muß ich dieses, so sehe
ich's als Geschick an, daß die Natur gerade mir zu
nahe treten will.

Markise. Lassen Sie Ihre Frage hören, Mylord, wenn ich antworten soll. Sie wissen, ich
bin ein Frauenzimmer, und hart seyn ist meinem
Geschlechte nicht angemessen. Ueberdem haben Sie
gewisse Drohungen eingemischt — —

Eduard. Halten Sie ein, Markise. Ich
würde mein Wort zurücknehmen, wüßte ich nicht,
Sie meynten das nicht so. Ich bin von der Nation, die man die freye nennt, wenigstens giebt's
einige unter uns, die diesen Beynamen nicht mißbrauchen. Ich glaube zu diesen zu gehören, und
zwar dadurch, daß ich jeden Mitmenschen für so
frey halte, als ich es wirklich bin. Hören Sie
mich und urtheilen Sie. Liebe kannte ich noch

nicht. Ihnen war's vorbehalten, mein Herz damit zu füllen. Sie haben mich sie in ihrem ganzen Umfange kennen gelehrt. Sie sind die erste,
und werden die letzte seyn. Ich will nichts von
Ihren Reizen, von den tausend vortreflichen Eigenschaften reden, die Sie mir in der größten Vollkommenheit gezeigt. Von den Wirkungen derselben will ich Sie überzeugen. Sie regieren in meinem Herzen. Wer über dieses gebietet, muß auch
über meine Hand gebieten. Wollen Sie das?

Markise. Mylord! was soll ich Ihnen antworten? — Ihr Antrag ist so großmüthig —

Eduard. Wozu das? —

Markise. Lassen Sie mich ausreden. — So
großmüthig, Mylord, daß ich mich fast nicht zu
entschuldigen weiß, daß ich ihn nicht in seinem
ganzen Umfange annehmen kann. Ihr Herz! —
o es ist mir das willkommenste Geschenk, was Sie
mir geben können. Ich greife mit einer Begierde
darnach, die so stark ist, daß ich mich ihrer schämen würde, wenn die hellsehenden Augen Eduards
nicht Leidenschaft von Frechheit zu unterscheiden
wüßten. Was ich Ihnen dagegen schenke? —
Was ich habe, Mylord Eduard! so wie ich hier
bin, bin ich die Ihrige! Keine Rechte, nennen

Sie sie', wie Sie nur wollen, nicht die heiligsten ausgenommen — so ganz schenk' ich mich Ihnen für dieses Herz, als wär' ich Ihre Sklavin. 'Sie sollen wünschen', ich will erfüllen. Ihre Hand aber, Mylord, kann ich nicht annehmen.

Eduard. Wie? Marküse! Sie wollen sich mir ganz mit allen Rechten übergeben, und wollen meine Hand nicht? Verführerin! Sie wollen mich auf die Probe stellen. Sie glauben, ich könnte die Gesetze der Ehre und der Tugend vergessen? —

Markise. Das soll ich glauben? Nein, Eduard, ich glaube vielmehr, Sie legen sie nur falsch aus. Ich will Ihre Geliebte werden, ohne meiner und Ihrer Ehre zu nahe zu treten. Ich bin nicht die Geliebte eines andern. Sie erhalten ein ungetheiltes Herz. Ich mache als Ihre Geliebte Ansprüche auf alle Rechte einer Frau, und gelobe Ihnen unverbrüchliche Treue, als Ihnen je eine Gattin halten kann.

Eduard. Sie setzen mich in Erstaunen, Markise! Ich bin nicht Freund von Vorurtheilen, vielmehr suche ich mich davon zu entfernen. Aber, wenn ich sagen sollte, ich hätte je ein Frauenzim-

Erster Theil. D

mer gekannt, die beym möglichen Fall eines prie-
sterlichen Bündnisses es ausgeschlagen hätte —

Markise. Weil sie sich dann fester angeknüpft
hielten. — O, Eduard! ich könnte Ihnen sagen,
sehen Sie auch hier die Stärke wahrer Liebe! Ich
will nur gebunden seyn, so lange Liebe mich bindet — ich könnte noch mehr sagen. Ehe kältet
die Liebe, ohne Ehe erhält sie sich wärmer und
dauerhafter. — Aber alles das sind meine Gründe
nicht. — Sie liegen theils in den Schwierigkeiten, die hier gemacht werden würden —

Eduard. Und welche Schwierigkeiten könnte
man einer rechtmäßigen Liebe, einer edlen Verbindung in den Weg legen?

Markise. Vielleicht, Mylord, kennen Sie in
Ihrem freyen Lande das Wort Kabale nicht. Vielleicht ist bey Ihnen Unterschied der Religion kein
Mittel, diese zu befördern. Hier kann man damit
sehr wirksam seyn. Sie sind Protestant; ich von
der hier herrschenden Religion. Das werden Sie
mir nicht zutrauen, daß ich glaube, in Rom bekümmre sich irgend jemand um meine Seele. In
den Zirkeln, die ich frequentire, ist das wahrhaftig nur Nebending, und man muß nach einem
Ausländer greifen, um Seelennahrung zu finden.

Aber desto näher, ich versichere es Ihnen, liegt
den Herren an meiner Person. Nicht als ob Rom
nicht viele, sehr viele meines gleichen aufzuweisen
hätte, sondern weil diese Herren so unerschöpflich
in ihrer Veränderlichkeit, und so ungenügsam in
ihren Wünschen sind, daß man alle leidliche Ge-
sichter Europens hieher versetzen könnte, und sie
würden das unleidlichste unter ihnen dem Ausländer mißgönnen. Wenn sie nun vollends die Aus-
flucht der Religion wissen, da ist kein Weg, er sey so
schlecht er wolle, ihnen zu verdrießlich, sie gehen ihn.

Ich stehe hier in dem Ruf des Vorzugs vor
vielen. Ich lebe hier seit einem halben Jahre,
man weiß nicht warum. Mein Reichthum, meine
Erziehung und mein Name öffnen mir alle Thüren.
Aber dagegen glaubt auch jeder Wollüstling von
Stande ein Recht auf meine Person zu haben. Er
macht es sich zur Pflicht, mir zu verstehen zu geben, da ich noch keinen glücklich gemacht, so sey
ich schuldig, ihn glücklich zu machen, weil er mich
am meisten liebe. Vom Heirathen spricht keiner.
Einen großen Theil meiner Anbeter binden Gelübde; andere fühlen sich zu schwach, mit Anträge
machen zu dürfen, und die es könnten, fürchten
mich. Verzeihen Sie dieser kleinen Eitelkeit; aber

eine Frau von Verstand ist so vielen Männern eine zu gefährliche Gesellschafterin.

Eduard. Wahrhaftig, Markise, Sie schildern Rom so schön, daß man davon laufen möchte, wenn Sie nicht darin wären. Aber selbst von der Wahrheit dessen, was Sie da sagen, überzeugt, sehe ich noch kein Hinderniß für unser Bündniß.

Markise. Gleich, mein Theuerster. Es gehört hier ganz besondre Erlaubniß dazu, um eine Ehe verschiedener Religionen zu schließen. Wo diese ausgewirkt wird, dahin dringen die meisten meiner wichtigen Verehrer. Seyn Sie morgen mein erklärter Liebhaber, und keiner unter allen diesen wird etwas dawider haben. Alle sind stolz genug, zu denken, über kurz oder lang würden sie Sie sehr leicht ausstechen, und mich für sich selbst einnehmen. Aber als Ihre Gattin müßte ich Rom verlassen, und wenn Sie auch wirklich gefällig genug wären, mir das Gegentheil zu versprechen, so wissen jene das nicht.

Nicht genug, Mylord, daß sie die Erlaubniß zu verweigern suchen würden, sie würden politische Absichten dahinter suchen. Sie würden es bald dahin bringen, daß Sie Rom verlassen müßten. Sie würden als mein Verführer ausgeschrieen,

wenn Sie gerade es nicht wären; Sie würden nicht
darüber angesehen werden, wären Sie es wirklich.

Eduard. So verlassen Sie ein Land, das
unsere Glückseligkeit hemmt, und gehn mit mir in
ein freyeres, wo edle Seelen kein Zwang bindet,
wo die Kabale, die Sie so fürchten, eigentlich nur
dem Namen nach bekannt ist, zwar auch herrscht,
aber so offen herrscht, daß sich jeder dagegen schüz-
zen kann, und also sie diesen Namen eigentlich
nicht verdient.

Markise. Wenn Familie und Vermögen mir
das erlaubten, Mylord, so würde ich's thun. So
bindet das alles mich an Italien. Ich muß bleiben, und wenn der Verlust Eduards mir das Land
lebendig zum Grabe machte. Aber das kann
Eduard nicht zugeben. Und meinen zweiten Grund,
Eduard, haben Sie noch nicht gehört. Mein
Herz ist ganz Liebe für Sie, alles was es Ihnen
schenkt, giebt es deswegen. Lassen Sie, ich bitte
Sie darum, dies Herz diesem Herzen nicht nehmen; machen Sie nicht, daß das priesterliche:
„Er soll dein Herr seyn!" die Seligkeit eines
Weibes zerstöre, mich aus der wärmsten Geliebten
zur kalten Gattin umschaffe, daß ich meine Umar-
mungen Ihnen zolle, nicht schenke, und lassen Sie

die Reize, welche die Natur mir schenkte, Sie zu
erobern, nicht zu abgestumpften Waffen werden,
die das Weib nur zu gern für andere schärfen lernt,
wenn der Mann ihnen den Schild des Gehorsams
unaufhörlich entgegen setzt.

Eduard. Sie sind bezaubernd, Markise. Das
klingt so nach Freyheit, daß ich nicht Britte seyn
müßte, wenn ich den Ton nicht verstände. Sie haben mich überwunden. Vom heutigen Tage an knü-
pfe ich mein Leben an das Ihrige, mein Glück an
das Ihrige, mein Herz an Ihr Herz. Ohne einen
Eid von Ihnen zu verlangen, gebe ich Ihnen den,
nie von Ihnen zu lassen, so lange Sie mein bleiben
wollen. Der Schöpfer, der uns schuf, bindet unser Band. Er ist der Priester, der uns vereinigt.
Seine Schöpfung ist Zeuge. Was unsichtbar uns
sieht und hört, sehe diesen Bund, und trete auf,
ihn zu strafen, wenn wir ihn brechen.

Markise. So, Eduard, bist du mein, und
mein ist paradiesische Seligkeit. Vom ersten Blick
an, den ich auf dich warf, sagte mir mein Herz:
mit diesen Armen wirst du ihn einst umschlingen,
dein ihn nennen, und frey seyn! Frey und gebunden, wir sind, Eduard, was wir wollen, und nur
das ist Seligkeit!

Rom.

Palaſt der Gräfin Medina.

Gräfin. Kardinal,

Gräfin.

Wie kommt man denn zu dem nicht häufigen Glück, Ew. Eminenz zu ſehen?

Kardinal. Schweſterchen, ich habe einen Auftrag an Sie.

Gräfin. Ich darf wohl nicht fragen, was für einen? Haben Sie etwa wieder ein unglückliches Mädchen unterzubringen? Nur her damit, ich brauche eine Kammerfrau.

Kardinal. Diesesmal ſpannen wir die Saiten etwas höher. Ich will Ihnen eine Freundin, eine Geſellſchafterin zuführen. Ein Mädchen wie eine Huldgöttin, eine Edle aus dem Piſaniſchen.

Gräfin. Ah! die ſchöne Piſana. Ew. Eminenz werden mir aber im Ernſt wohl nicht ſolche

D 4

Gesellschafterin zugedacht haben. Zur Oberaufsicht meines Hauswesens allenfalls —

Kardinal. Nichts weniger als das, Gräfin. Sie sollen Ihre Rechte hier im Hause gerade mit ihr theilen, wenigstens soll es heißen, sie habe so viel zu befehlen, wie Sie selbst. Alle Domestiken sollen ihr den nämlichen Respekt zeigen, den sie für Sie haben. Sie sollen Lustbarkeiten hier geben, von denen Lauretta die Königin seyn soll. Sie sollen sich mit Zuthätigkeit und Herablassung an sie drängen, damit Sie ihre Liebe und ihre Achtung gewinnen; Sie sollen ihr Rom zu einem Göttersitze, Ihren Palast zu einem Elysium machen. Sie sollen von dem Augenblick an, da ich sie Ihnen zuführe, keine andre Beschäftigung haben, als um sie zu seyn, sie zu unterhalten, keinen Augenblick sie zu sich selbst kommen zu lassen. Sie sollen ihr an den Augen absehen, was sie wünscht, und was Ihr zuwider ist, von ihr entfernen, und wenn's Ihr eigner Augapfel wäre.

Gräfin. Das soll ich thun? Die Gräfin Medina soll — soll das thun?

Kardinal. Wie gesagt, Gräfin, Sie sollen das thun, und zwar aus dem Grunde, damit das Mädchen, welches auf keine andre Art geschehen

kann, feurig mir in die Arme fliegt. Ist dieser
erste Schritt vorüber, so werde ich Ihnen die Last
erleichtern.

Gräfin. Seit wenn wär' es denn das Geschäft der Gräfinnen, Konkubinen für Kardinäle
abzurichten?

Kardinal. Noch eins. Ich bekümmre mich
zwar um Ihre geheimen Angelegenheiten nicht.
Aber sollten junge Männer hier ein- und ausgehen,
die in den Augen einer Unschuld dieser Art Ihren
Ruf zweydeutig machen könnten, so muß für die
Zeit ihnen das Haus untersagt werden, sie müßten sich denn verbindlich machen, ganz in den
Schranken der Ehrbarkeit zu bleiben. Ueberhaupt
muß der Spiegel der Tugend hervorschimmern,
wohin man nur blickt. Selbst die Festivitäten
müssen Zucht verrathen. Sie müssen sich das Ansehen der ersten Vestalin geben, müssen Laurettens
Denkungsart bewundern, müssen ihr erzählen, daß
trotz den Lastern, die hier herrschen, es edelden-
kende, tugendhafte Häuser und Menschen gebe.
Bey diesem Punkte müssen Sie sich dessen erinnern,
für den Sie arbeiten.

Gräfin. Ich muß und ich soll, und ich soll,
und ich muß! Nimmt das gar kein Ende? Kar-

D 5

dinal, Sie müssens drauf angelegt haben, mich
wüthend zu machen! Bin ich Ihre Sklavin, Bruder? Leb' ich von Ihrer Gnade? Giebt's irgend
einen Dienst in der Welt, für den ich Ihnen einen solchen Gegendienst schuldig wäre? Ich soll
mich zum Mährchen der Stadt machen — in der
großen Welt ein Mädchen aufführen, die nicht
einmal ihrer Geburt nach dahin gehört — ich soll
mich in meinem eignen Hause einschränken lassen?
meine Gesellschaft nach den Grillen eines Mädchens zustutzen, die zuletzt — Ihre Beyschläferin
wird? Ich soll mich vor dieser bücken, um ihre
Liebe betteln, meine Beglückten verjagen, mein
Temperament umstimmen; einen Theil meiner
Jugendzeit, deren Eile ich nur zu schwer fühle,
ihr zu gefallen verschleudern? Kehren Sie ganz
Rom um, das geschieht nimmermehr.

Kardinal. Sind Sie bald fertig, Gräfin?

Gräfin. Ich könnte über diesen Punkt, so
wie über andere, Ihnen noch sehr vieles sagen.

Kardinal. Ich habe Ihnen nur eins zu sagen. Sie sind die Wittwe des Grafen Medina.
Wie Sie diese Wittwe geworden, das sollten Sie
freylich nur allein wissen. In der Familie Medina sind die Schlagflüsse nicht gewöhnlich, und

wer mit der Tophana nicht umzugehen weiß, giebt die Doses manchmal zu ſtark. Auch giebt es Kam, merdiener, denen die Augen zwar vom Golde ge, blendet ſind, aber der Mund noch nicht damit ge, ſtopft iſt. Ich werde die Ehre haben, einen der, gleichen Ihnen aufzuführen.

(will ab.)

Gräfin. (rufend.) Kardinal! Bruder! Kar, dinal!

Kardinal. (kömmt zurück.) Was ſteht zu Ihren Dienſten?

Gräfin. Wenn werden Sie mir Lauretten bringen?

Kardinal. In ein paar Stunden etwa, wenn es Ihnen nicht zuwider iſt.

Gräfin. Ich mache mir eine Freude daraus, Ihre Wünſche zu befördern.

Kardinal. Und ich werde ſuchen, dieſe Gefäl, ligkeit auf irgend eine Art wieder gleich zu machen.

(Er küßt ihr die Hand, und geht ab.)

Gräfin. Er konnte mich alſo doch verrathen. Ich gab ihm Schätze, theilte mein Bett mit ihm, ließ ihn den Herrn im Hauſe ſeyn, nur nicht ſchei, nen. Er überraſchte mich bey dem Geſchäft, wo, durch ich ihn ſicher ſetzen wollte; da Medina noch lebte, war er bittend, einschmeichelnd, schlen, um einen Grad erhöht, ewig dankbar seyn zu wollen. Ich räume den kleinen Tyrannen weg, und werde die Sklavin eines größern. Aber diesen liebe ich. Liebe! wie stark bist du denn für ihn? Stehst du mit meinem Leben im Gleichgewicht? Ist Verachtung des Elenden, den ich aus dem Staube erhob, nicht mächtig genug, dich zu ersticken, oder wenigstens! so lange dich zu unterdrücken, bis — Verachtung, nein, Verfolgung! Daß er mich in meinem Hause brüskirte, daß er es verließ, um mir weh zu thun, das vergab ich ihm; aber Verfolgung, Rache, die hier fehlgeschlagen, dort stärker wirkt, die kann ich nicht ertragen. Er könnte mich jedem preis geben, von dem er wüßte, er wäre mir zuwider, und ich müßte mit meinen Antipathien buhlen. Weg mit ihm!

(ab.)

Rom.

Palast des Kardinals.

Kardinal. Pater Tinto.

Kardinal.

Tinto, sie ist zum Entzücken schön! Machen Sie ein Meisterstück, besänftigen Sie die Aeltern. Wenn sie einwilligen, daß sie meine Geliebte wird, so soll sie bald Fürstin seyn. Rom soll vor dem Glanze erstaunen, in dem Lauretta leben soll, Kampano soll sein Gut mit Wucher wieder erhalten, Sie sollen bald meiner Höhe nahe klimmen, und ich will den heiligen Vater nicht um seinen Stuhl beneiden.

Tinto. Sachte, Ew. Eminenz, von allem dem wird gewiß nichts. Der alte Kampano ließe die Welt ehe untergehen, als daß er sein Kind zur Buhlerin bewilligte.

Kardinal. Tinto! Verdient denn die Buhlerin genannt zu werden, die meine Gattin seyn würde, wenn wir nicht unglückliche Ausnahmen dieser Glückseligkeit wären?

Tinto. Um die wahrhaftig in unserm Stande nicht leicht einer, der Ihre Höhe erreicht, den Weltmann beneidet, da unerträgliches Einerley ihn weit stärker ketten würde, als diesen. Weise für sich, drückend für uns mindere, machte wohl der klügere Kopf das Projekt des ehelosen Standes der Himmelswächter. Ew. Eminenz entsinnen sich gefälligst der Leidenschaft, die Mariottina in Ihnen erregte, wo Sie schwuren, Sie würden gern dem Stand entsagen, wenn Sie das Mädchen Weib nennen könnten. Und da Sie endlich Berge von Hindernissen mit Zechinen weggeschwemmt, und vier Wochen in ihren Armen geruhet, waren Sie froh, daß sich ein Mann fand, der sie Ihnen mit einer so schweren Goldsteuer, als Mariottina es selbst war, abnahm. Wäre sie nun Ihr Weib gewesen . . .

Kardinal. Still vom vorigen. Die Gräfin erwartet Lauretten. Gehen Sie dahin, führen Sie sie auf, und erwarten Sie dann weitere Befehle. (ab.)

Tinto. Dann freylich müssen wir still seyn, wenn wir zu erkennen geben, daß wir nicht leben:

Wort glauben. Versprechen kann man sehr viel.
Hätte Kampano sein Gut wieder, so könnt' ich
warten, bis ich die Stufen erstiege, die sein Spiegel mir zeigt. Kardinal seyn ist in der That minder kitzlich, als das Amt seines Geschäftsträgers
verwalten. An Fähigkeit also fehlte es mir nicht
dazu. Ob aber an Ew. Eminenz Glück? — Nein,
wir wollen behalten, was wir haben. Die rothen
Hüte haben der Kompetenten zu viel, und Lauretten giebt's zu wenig, um, wenn diese befriedigt
hätte, durch andere jene Versprechungen im Gedächtniß zu erhalten.

R o m.

***

Palaſt der Gräfin Medina.

Tinto. Lauretta. Hernach die Gräfin; endlich
der Kardinal.

Lauretta.

Den Glanz, Tinto, werd' ich nicht ertragen
können. Er blendet mich. Machen Sie, daß
ich zu meinen Aeltern zurückkehren kann. Mein
Herz ſchlägt nach Ruhe, ich mag ihm zureden, wie
ich will. Der Kardinal kann keine Schweſter haben, die ihm nicht ähnlich wäre. Ich fürchte ſie
nicht: aber ich ſtimme nicht für Rom.

Tinto. Neuheit, liebe Laurette, Ungewohn-
heit bringt die Meynung hervor. Die Menſchen,
mit denen Sie nicht zu ſtimmen glauben, ſtimmen
mit Ihnen. Ihre Denkungsart, ich läugne das
mit Ihrem Vater nicht, iſt in Rom etwas ſelte-
nes; aber deſto glücklicher für Sie, daß Sie gerade
an die Menſchen kamen, die dieſe Seltenheit zu

schätzen wiſſen. Könnten wir nur Ihren Vater
in dieſen Augenblicken herzaubern!

Lauretta. Er würde nicht ſo gut für mich
denken, wie Sie und der Kardinal. Er ſetzt die
Schwäche zur Stärke, die Sie davon trennen.
Er ſpricht vom wachſendem Eindruck, der Tugend
überwinden kann, die Sie für unüberwindlich halten.

Tinto. Weil er mit den Jahren mürriſch geworden, oder vielmehr von Schwäche der Seele,
die dem Alter eigen ſeyn muß, auf Schwäche derſelben in ihrem ſtärkſten Zeitpunkt ſchließt. Dann
— Liebe zur Tochter, die das einzige Kind iſt;
Unwiſſenheit, in wie weit Rom in den Jahren
ſeiner Abweſenheit ſich gebeſſert; Verläumdung
von Seiten ſo vieler, die ihre Freydenkerey mit
Aufſuchung unſerer Schwächen bemänteln, das
alles hat ihm falſches Licht gezeigt.

(Die Gräfin tritt ein; Laurette will ihr die
Hand küſſen, ſie umarmt ſie aber.)

Gräfin. Willkommen, Fräulein, in meinem
Hauſe. Eine Freundin, die ich von meines
Bruders Hand mit ſo warmer Theilnehmung
aufnehme; eine Geſellſchafterin, die mir nur

Erſter Theil.   E

noch fehlte, um meine Tage ganz glücklich zu machen —

Lauretta. (sehr verlegen.) Gnädige Frau! Eine arme Unglückliche, die höchstens Ihr Mitleiden verdient, und diese Herablassung —

Gräfin. Nichts von Herablassung. Tugend, Fräulein, giebt jedem Verhältnisse Gleichheit, oder, lassen Sie mich Sie lieber Laurette nennen, es klingt schwesterlicher — Tugend, Laurette, gäbe einem viel geringern Herkommen, als das Ihrige, das Recht, mich Schwester zu nennen. Unschuld ist ohne Rang, wird selten gefunden, aber besonders hier, wo sie ist, als ein Kleinod betrachtet, welches Verehrung verdient. So denkt das Oberhaupt in Rom, so denken, die ihm am nächsten sind, und in dieser Rücksicht sind Sie mir vom Kardinal empfohlen, dem ich gehorchen müßte, wenn ich auch den Bruder nicht liebte. In meinem Hause können Sie den Ausgang eines Rechtshandels abwarten, der den rechtschaffenen Vater der rechtschaffenen Tochter wieder in den Besitz seines Vermögens setzen muß. In meinem Hause werden Sie nicht als Lauretta Kampano, sondern als Schwester der Gräfin Medina betrachtet. Zu unserm ganzen Bunde fehlt nichts, als daß ich in

den Besitz eines Herzens komme, welches der
Ruhm seiner edlen Empfindungen mir werth gemacht, und durch dessen Unschuld ich lernen kann,
welchen Vorzug stille Erziehung vor den Sitten
der Hauptstadt hat, die aber freylich in diesem Palast keinen Eingang finden.

Tinto. (für sich.) Die Heuchlerin! Es giebt
keinen verrufenern, als den ihrigen.

Gräfin. Was sagten Sie, Tinto?

Tinto. Meine Seele bekräftigte alles, was
Ew. gräfliche Gnaden vorbrächten, und ich wagte
es nur nicht, laut das Zeugniß für die Wahrheit
abzulegen. Jezt, halb aufgefordert, will ich Lauretten das Gemälde ausmalen; und ich bitte Sie,
Gräfin, im voraus, mir zu verzeihen, wenn ich
diesmal Ihrer erhabenen Bescheidenheit nicht nach-
gebe; wenn ich diesem mir anvertrauten Engel
sagen muß, Sie sind in Rom die einzige Dame,
wo Kampano den einzigen Schatz seines Lebens
sicher aufheben konnte.

Gräfin. (für sich.) Der Schurke! Er denkt anders, und er flüsterte anders.

Lauretta. Ihr Gemälde, Tinto, so schön es
ist, kann nur Schatten gegen das seyn, was ich
hier vor mir sehe. Man thut Rom unrecht, es

zu tadeln, wenn es auch nur drey Menschen dieser
Denkungsart darin gäbe, denn solche Beyspiele
müssen alles um sich her bessern.   Auch bin ich
schon überzeugt, daß die Schilderung, die man
mir und meinem Vater gemacht, übertrieben ist.
Sie, Gräfin, haben diesem Vorurtheile Einhalt
gethan. Ihres Bruders Stand und Würde ließen
mich nichts anders von ihm erwarten; aber mit
Schamröthe gesteh' ich's, gegen Roms erste Damen hatte man mich so eingenommen, daß nur dieses Bruders, eines Kardinals, und des verehrungs-
werthesten Mannes Empfehlung mich dahin bringen konnten, ohne Zittern mich Ihnen zu nähern.
Ich finde eine Schwester, Sie erlaubten mir ja,
Sie so zu nennen, die Mutterstelle bey mir vertreten kann und wird.   Unter Ihrer Anführung
werden die Tage, die ich hier zubringen muß, un-
tadelhaft für mich dahin fließen.   Ich werde in
Ihren Augen den Spiegel der Güte meiner Aeltern erblicken, meine Sehnsucht wird sich mindern, wenn ich sie in Ihren Busen ausschütten
kann, und die Unmöglichkeit, Ihnen auch nur die
kleinste dieser Wohlthaten ersetzen zu können, wird
den Stolz auf Ihre Freundschaft in den Schranken ewigen Dankgefühls erhalten.

(Sie fällt der Gräfin in die Arme, die ihre Lieb-
kosungen feurig zu erwiedern scheint.)

Gräfin. Und nun weg mit Dank und allem
dem, was noch irgend einen Abstand zwischen uns
übrig lassen könnte. Sie sind jezt meine Schwester, und ich muß Sie vor allen Dingen von dem
unterrichten, was hier Ihnen auffallend seyn
könnte, und für Klippen Sie warnen, die Ihre gute
Meynung bald könnten scheitern lassen. In Rom
leben, Laurette, heißt der ruhigen Stille entsagen,
die Sie gewohnt sind. In dieses Uebel müssen
Sie sich also schicken. Ich lebe in der großen
Welt, und Sie, als Schwester, müssen mit mir
darin leben. Diese Lebensart hat ihre guten und
ihre schlechten Seiten. Der erstern sind wenig,
der letztern viel, allein man kann den erstern treu
bleiben, selbst wenn man den Schein der letztern
nicht ganz vermeiden kann. Sich ganz auszeich-
nen, den Sonderling spielen, heißt hier etwas
scheinen wollen, was man nicht ist, und nicht selten wird Eingezogenheit mit Ansprüchen auf die
Betschwester verwechselt. Aber auch auf der andern Seite ist Theilnehmung an unschuldigen Freuden gewöhnlich das Spielwerk der Verläumdung.
Was also wirklich halb Rom, ja was bey weitem

der größere Theil desselben Ihnen sagt, davon müssen Sie gerade entweder das Gegentheil glauben,
oder noch besser Ihr eignes Urtheil bis zur nähern
Prüfung zurückhalten. Der Lästerung, gutes
Kind, entgeht keine unsers Geschlechts. Ueber
sich also flüstern zu sehn, vielleicht mit Ihren Ohren es zu hören, daß meine und des Kardinals Absichten auf Ihren Untergang gerichtet sind, das
müssen Sie stündlich erwarten. Schon daß Sie
einen Fuß in des Kardinals Haus setzten, hat mehr
als hundert Mäulern zu thun gegeben. Eminen-
zen haben der Feinde immer mehr, als der Freunde, weil die Freunde aller übrigen eines jeden einzelnen Feinde sind, und meines Bruders ganze an-
tipathisirende Schaar wird von Ihnen reden, was
Sie selbst nicht glauben.

Lauretta. Um aller Heiligen willen, Gräfin,
was sagen Sie mir da? Ich sollte schon meinem
Rufe geschadet haben, schon in den Augen so vieler Menschen eine Verworfene seyn? Die Pro-
phezeihung meines Vaters wäre so bald in Erfül-
lung gegangen? Nein, Gräfin, Sie malen sich
die Bilder zu schwarz, es kann, es darf keine Menschen geben, die den gütigsten, menschenfreundlich-
sten Mann verläumden, die der Unschuld eines

Mädchens spotten könnten. Das wären Unmen-
schen.

Gräfin. Ruhig, meine Liebe. Es giebt ihrer gewiß, das werden Sie selbst erfahren. Uebrigens geht alles dieses Sie nicht weiter an, als
daß Sie beym Hören nur thun sollen, als hörten
Sie es nicht, daß Sie dem Verdachte, den man
in Ihnen gegen mich und den Kardinal zu erwek-
ken suchen wird, kein Gehör geben, und sich daran
erinnern, ich sagte das vorher. Was übrigens
die Provinzialisten Ruf heißen, Laurette, das hat
in einer Hauptstadt keine Bedeutung. Das Wort
gleicht einem Chamäleon, sieht bald so, bald so,
und wird, nachdem diese Veränderungen Statt finden, gebraucht oder nicht gebraucht, gedreht, verwechselt und gemißbraucht, wie eines jeden Kon-
venienz es erfodert. Sie fürchten ferner in den
Augen derer, die von Ihnen reden, eine Ver-
worfne zu seyn? Nichts weniger. Diese selbst
sind von Ihrer Unschuld überzeugt, aber sie möchten gar zu gern glauben machen, sie wären nicht
davon überzeugt. Die sie so hintergehen möchten,
kennen sie aber schon, wissen, daß sie das lebendige
Sprachrohr der Unwahrheit sind, und stellen sich
ihnen zu glauben, ohne wirklich zu glauben, und

das blos, um so viel möglich zu vermeiden, selbst in ihren Mund zu kommen. Wer diese Lage Roms nicht kennt, und die Oberfläche davon nur gewahr wird, der nimmt einen immerwährenden unversöhnlichen Haß jeder einzelnen Person gegen einander gewahr, und im Grunde tragen alle diese Menschen Neid und Hinterlist nur auf der Außenseite, und im Herzen wünschen sie jedermann das allerbeste. Selbst, Laura, die sich wirklich hinreißen ließen, zu glauben, Sie ständen mit dem Kardinal in einem geheimen Bündnisse, würden Sie selig preisen, und würden Ihre Klugheit bewundern, daß Sie ihn einzunehmen gewußt.

Lauretta. Mein Erstaunen, gnädige Frau, ist außerordentlich; aber ich gestehe Ihnen, was Sie sagen, ist mir nur halb verständlich. Ich glaube in jedem Satze Widerspruch zu finden, und doch getraue ich mich nicht zu behaupten, ich könne ihn entwickeln. Daß Rom ein gefährlicher Ort ist, nehme ich daraus ab, und zittern würd' ich vor jedem kommenden Augenblick, wenn Ihre Güte nicht so groß gegen mich wäre. Sehen Sie, ich muß mich ganz in Ihre Arme werfen, um mich nicht in diesem Labyrinthe zu verirren. Ich thue das mit einem Zutrauen —

Gräfin. Für welches ich Ihnen vielen Dank schuldig bin, weil ich dessen schnelle Reise, mehr auf Ihr Herz, als auf — Ha! Mein Bruder!

(Der Kardinal tritt mit einer schüchternen Miene ein, von welcher er sich aber gleich wieder erholt.)

Kardinal. Nun, Laurette, sind Sie mit meiner Schwester zufrieden?

Lauretta. (küßt ihm die Hand.) Was soll ich sagen, Ew. Eminenz? Ich habe Aeltern verlassen, und Aeltern wiedergefunden. Ich bin mit Roms Zierden bekannt geworden, und stehe unter dem Schutze Tadelsfreyer, die in dieser Stadt so selten seyn sollen. Ich liebe, die ich fürchtete, und werde als eine Unglückliche von Glücklichen geachtet und aufgenommen, als wäre ich ihres gleichen. Kann etwas mehr für Rom, mehr für meine Ruhe sprechen?

Kardinal. Ihre Zufriedenheit bezaubert mich. Gräfin, ich weiß nicht, wie ich diese Güte vergelten soll. Ich wage auch nicht zu bitten, daß Sie sie fortsetzen, denn Laura scheint auf Ihr Herz schon so gewirkt zu haben, daß es mehr sagen wird,

E 5

als ich sagen könnte. Doch will ich Ihnen einen
Beweis geben, daß auch ich Sie nicht aus meinem
Gedächtniß lasse. Ihr gewesener Kammerdiener
wurde vor einer Stunde tödtlich verwundet in
meinen Palast gebracht.

Gräfin. Wie! Der Bösewicht fand seinen
Untergang?

Kardinal. Vielleicht nicht so sehr Bösewicht,
als Sie denken, Schwester! Ich bin geneigt zu
glauben, daß alles, was er verübt, Zerrüttung
seines Geistes ist; denn, stellen Sie sich vor, er
wagte in meiner, zweyer Aerzte und eines Paters
Gegenwart zu behaupten, Sie hätten einen Banditen gedungen, ihm das Lebenslicht auszubla-
sen.

Lauretta. Gott! welche Frechheit!

Kardinal. Nicht, Kind. Gewiß Blödsinn,
ganz gewiß.

Gräfin. Hier, Laurette, haben Sie schon einen Beweis dessen, was ich Ihnen erst sagte.
Morgen bin ich in dem Munde der halben Stadt
die Urheberin dieses Mordes, und wer weiß aus
was für schändlichen Absichten.

Kardinal. Befürchten Sie nichts. Blos
Besorgniß, man möchte Ihnen den Vorfall anders

vortragen, und der Wunsch zu sehen, wie Sie mit Lauretten zufrieden wären, brachten mich hieher. Nun werde ich aber alle Anstalten treffen, die Sache in das gehörige Licht zu setzen, und die Oeffnung des todten Körpers wird sogleich den Grund aller der Thorheiten entwickeln, die er schon in Ihrem Hause beging.

(Er nimmt die Gräfin bey Seite.)

Er hat wirklich ein Protokoll zu Papiere bringen lassen, welches Scenen aus Ihrem Leben mit dem Grafen von Medina enthält, die wohl Rom und gewisse Gerichtsstühle in Bewegung setzen könnten; allein ich werde natürlich Sorge tragen, daß keines dieser Papiere weder Wahrscheinlichkeit noch Glaubwürdigkeit erhalte, und überhaupt nicht zum Vorschein kömmt. Er will sogar seinen Mörder gekannt haben.

(laut) Uebrigens ist es sehr wahrscheinlich, daß er sich selbst entleibt, da der Dolch noch in der Brust stack, und er ein sehr abgelegenes Gäßchen gewählt, wo niemand zugegen war. Decken wir das alles mit dem Mantel der Liebe, und bedauren den Unglücklichen, dessen Seele lange leiden wird. Aber Sie sind traurig geworden, Laurette, und das thut mir leid.

Lauretta. Nur ernſthaft, Ew. Eminenz, wie der Fall es erforderte. Leiden, ſie mögen treffen, wen ſie wollen, wirken das auf mich. Und mehr noch als das, kränkt es mich, daß eine Dame von der Gräfin Medina Charakter von der Verläumdung nicht einmal unangetaſtet bleiben kann.

Gräfin. Wären Sie in Rom erzogen, Laurette, Sie würden das nicht ſonderbar finden. Sie werden aber noch mehreres finden, wogegen Sie ſich mit aller Ihrer Lebhaftigkeit werden waffnen müſſen. Je größer ein Ort iſt, deſto mehr hört man von traurigen Begebenheiten, die immer im ſchnellern Zirkel umherrollen, als die fröhlichen, die der Genießende lieber für ſich behält, anſtatt daß man jene gern mittheilt. Ich werde es Ihnen weder verdenken noch wehren, mit dem Leidenden theilzunehmen, allein der Menſch iſt zur Freude geſchaffen, und wo wir Freude haben können, da müſſen wir Schmerz fliehen. Sie ſind eine zu unſchuldige Schülerin, als daß ich nicht Gelehrigkeit von Ihnen erwarten ſollte. Ich laſſe Sie nun einmal nicht von meiner Seite, und ich hoffe, daß ich auch noch einſt die Freude haben werde, Ihre Aeltern bey mir zu ſehen. — Ihre

Augen glänzen bey dieser Aussicht? O Kind, wie glücklich sind Sie, daß Sie so fühlen!

Kardinal. Aber in der That, Gräfin, der Gedanke ist auch himmlisch gut. Nein, Laurette soll nie wieder von uns scheiden. Sie soll Ihre und meine Schwester seyn, und Ihre Aeltern wollen wir ehren, wie die unsern. Und nun müssen wir uns trennen. Laurette, schreiben Sie Ihren Aeltern; Sie, Tinto, reisen dann schnell ab, und Ihnen, Gräfin, empfehle ich nur, Lauretten zu bleiben, was Sie ihr jezt sind.

Pisa.

Kampano's Wohnung.

Gabriele (ſitzt an einem Tiſch.) **Kampano und Tinto** (treten ein.)

Kampano.

Tinto, es wirbelt in meinem Kopfe. Ich liebe Sie, ich weiß nichts Böſes von Ihnen, ich traue es Ihnen auch nicht zu, und doch — daß Sie allein kommen — ohne Lauren, ohne das Mädchen, da Sie wiſſen, meine ganze Seele hängt an ihr — beym Himmel, Tinto, das war unrecht.

Gabriele. (die indeß aufgeſtanden, und ſich beiden genähert.) Ja, bey der heiligen Jungfrau, Tinto, ich war noch nie ohne Verdacht gegen Sie, aber dieß gründet ihn feſt. Wo iſt ſie? reden Sie, geben Sie Rechenſchaft? — Hüten Sie ſich vor dem Fluche einer gekränkten Mutter! Rache will ich ſchreyen, wenn ich mein Kind nicht wieder erhalte, ſo laut will ich ſie ſchreyen, daß die Ruhe

der Seligen geſtört werden, und die Qual der Verdammten ſtill ſtehen ſoll.

Kampano. Still, Mutter, ſtill doch! —
Aus Barmherzigkeit, Tinto, reden Sie.

Tinto. Gern, Kampano, ſobald Sie mich
nur anhören wollen. Ich fordre ja alle Gelaſſen-
heit auf, um den Schmähungen Ihrer Gattin,
und Ihrer unzeitigen Aengſtlichkeit nicht Unwillen
entgegen zu ſetzen. Ich komme ein Bote des Friedens, und Sie empfangen mich wie einen Verbrecher. Sie fordern Ihr Kind, das mit mir ſo zufrieden iſt, ſo ungeſtüm von mir, daß ich nicht den
Augenblick faſſen kann, um Ihnen zu ſagen, ſie
iſt glücklich, ihre Aeltern werden es auch werden.

Kampano. Sie iſt glücklich? — Das iſt
nichts, Tinto. Das Glück der Mädchen iſt gewöhnlich ihr Untergang. Sie iſt zufrieden mit
Ihnen. Das iſt etwas. Dieſe Zufriedenheit
wird ſie doch ihrem Vater nicht verhelen. Ein
Brief —

Tinto. Wird mich alſo rechtfertigen. Hier
iſt er. Mutter! wenn deiner Tochter Brief nicht
Reue aus deiner Seele für das preßt, was du mir
geſagt, ſo wende ich meine Hand ab! In der

That, Gabriele, Ihr ewiger Verdacht gegen mich
hätte lange verdient, daß ich mich Ihrer nicht annehmen sollte; indessen, was hält man einer Mutter nicht zu gut! Hier ist Trost für Sie. Ein
Brief vom Kardinal, und tausend Dukaten, um
den Prozeß gegen Saldezzino anhängig zu machen.
— Nun, Kampano, warum erbrechen Sie
nicht?

Kampano. Könnten Sie mir ins Herz sehen,
Tinto, Sie würden die Frage nicht thun. Fürchterlich hält's meine Hand von diesem Erbrechen
zurück. Was, Tinto, was kann ich nicht alles
finden? und was, Tinto, was kann ich vor dem
Erbrechen nicht alles denken? Können Sie mir
es verargen, wenn schwermüthige Grillen mich ergreifen? Sehen Sie, wenn das ein erzwunge-
ner Brief wäre? Wenn mein Mädchen in den
Klauen irgend eines Bösewichts diese Zeilen geschrieben hätte, um Ihrer Tugend Opfer um einige Tage zu verschieben? Wenn Sie so mit der
scheinheiligen Miene als Heuchler da ständen,
selbst dem geistlichen Wollüstlinge zu Gunsten sprächen, arbeiteten, reisten, wenn —

Tinto. Halten Sie ein, Kampano! Ich
reise in diesem Augenblicke ab, kehre sogleich mit

Lauretten zurück, gebe fie dem Vater, und fehe
dann diefe mißtrauifchen Menfchen nie wieder.

Kampano. Bey Gott! eine Frage, ob's
nicht fo beffer wäre? — O Tinto! hätten Sie fie
mitgebracht, eine Höllenftunde hätten Sie mir er-
fpart! — Was thu ich? — Ja, reifen Sie,
bringen Sie, die ganze Welt ift mir nichts ohne
Lauren — doch! bleiben Sie —

Gabriele. Vergebung, Tinto! — Kampano! Der Kardinal fchreibt in den gnädigften Aus-
drücken, er verfichert uns die wärmfte Anhänglichkeit.

Kampano. Wie verdächtig doch diefe Anhänglichkeit ift! Seine Gnade macht meine Zähne
knirfchen, und mein Blut jagen. Warum kann
ich mir's denn nicht ausreden, daß jeder noch fo
fchöne Schritt, im Angefichte eines reizenden Mädchens gethan, nur das Mädchen zur Abficht hat?
Warum habe ich Rom von diefer Seite kennen lernen? Warum ftand ich eben neben einem diefer er-
ften Hirten, als eine himmlifche Figur auf den
Knieen vor ihm lag, ihr Elend vorftellte, und
Hülfe von ihm erhielt? — Und in drey Tagen
überrafcht' ich fie in feinem Cabinet, und er lachte.
Diefes Lachen ging mir fchon damals durch die

Erfter Theil.   F

Seele, als ich noch flüchtiger dachte. Aber seitdem ich selbst ein Mädchen habe, stand es beym
Anblick eines solchen Mannes immer vor mir, und
jezt, da ich selbst arm bin, da mein Mädchen um
Hülfe wimmert, da ich sie bey einem Kardinal
weiß, jezt steht dieses Lachen, wie aus dem Ange-
sichte eines Teufels hervorbrechend, da; jezt schreibt
sich's mit feurigen Zügen in meine Augen, jezt
dreht's meine Einbildung schwindelnd fort, und ich
sehe Lauren im Cabinette des Kardinals. Wuth,
Wuth, Tinto, brennt in mir! — Und doch möcht'
ich den Mann sehen, der in dieser Stimmung
meine philosophische Kaltblütigkeit beybehielte?
Mit dieser, Pater, frag' ich Sie: Soll ich erbrechen?

Tinto. Kampano! Es ist eine der ersten Lehren, die man in unsern Noviziaten uns beybringt:
Traget! Seyd dem Schwachen Hülfe! Weist den
Verirrten zurecht! Selbst deswegen, daß ich
vorhin gehen wollte, muß ich Sie um Verzeihung
bitten. Ich werde mich nie wieder so übereilen.
Wenn Sie aber mich durch diese Frage verwirrt
zu machen glaubten, so irren Sie.

Kampano. Schwacher Mensch! Als ob's nur
in diesem Augenblicke um einen Beweis deiner Red-

lichkeit zu thun wäre! Ob ich zittern soll, das wollte ich sehen. Dem drückendsten ängstlichen Augenblicke wollt' ich durch deine Aeußerung ein Ende machen.

Tinto. Die ist und bleibt sich gleich, wie die Unschuld. Aber, wenn dem Vater die Tochter so bekannt ist, wie Ihnen die Ihrige, so müssen ja die ersten Zeilen ihm sagen, was er zu erwarten hat. Kann in einem erzwungenen Briefe wahres kindliches Herz nachgeahmt werden? — Ich will Gutes mit Bösem vergelten, Vater. Ich las nicht, was sie schrieb; aber es ist unmöglich, daß jemand schreiben kann, wie Laura Ihnen schreiben muß.

Kampano. So hätten Sie doch wohl Recht. Gut; hören Sie, was sie schreibt, und urtheilen Sie selbst. (Während des Erbrechens.) Vielleicht kann ich den Kardinal und die tausend Dukaten mir aus dem Kopf lesen.

(Er liest:)

„Könnt' ich doch zu Ihnen fliegen, theuerste „Aeltern! könnt' ich nur auf einen einzigen vor= „überrauschenden Augenblick bey Ihnen seyn, „um Ihnen zu zeigen, Ihre Laura ist dadurch

„nur unglücklich, daß sie nicht bey Ihnen seyn
„kann."

Tinto! Vergeben Sie. Das ist Herzenssprache —

„Ich weiß es, ich mag es Ihnen noch so leb-
„haft malen, daß es mir wohl thet, ich mag
„Ihnen schildern, wie ich will, daß die Gefah-
„ren, die Sie mir vorgestellt, durch ein glück-
„liches Ungefähr des Schicksals vor mir vorüber-
„gegangen, Ihre gränzenlose Liebe zu mir wird
„dennoch sich noch Zweifel schaffen, die ich so
„gern ganz von Ihrer Seele nähme."

Wie gut sie ist, Mutter! Wir wollen gern mit
dem Geschenk zufrieden seyn, gern alles das andre vergessen, was man uns nahm. O Tinto!
Lassen Sie den Kardinal seinen Brief und seine
tausend Dukaten wiedernehmen, nur meine Laura
soll er mir wiedergeben. Ich Thor, daß ich sie
von mir gehen ließ!

Tinto. Sonst bin ich keine solchen Aus-
schweifungen an meinem Freunde Kampano gewohnt. Wenn beide Glücksfälle zusammen be-
stehen können, so ist's ja wohl besser. Aber lesen
Sie weiter; dann will ich Ihnen des Kardinals
Meynung eröffnen.

Kampano (lieſt:)

„Es iſt wahr, der Kardinal iſt ein ſchöner
„Mann,“ (das wollte ich, hätteſt du nicht gefunden, Laura!) „aber er iſt der beſcheidenſte,
„edelſte, großmüthigſte, den ich je geſehen.
„Seine Schweſter, die Gräfin — o Gott!
„in den wenigen Augenblicken, da ich ſie kenne,
„ſteht ſie in meinem Herzen ſchon zunächſt mei-
„ner theuren Mutter!“

Das iſt viel geſagt. Gott gebe, daß es wahr iſt!

„Beſter Vater! beruhigen Sie ſich in Anſehung
„meiner über alles. So lange ich in Rom bin,
„werde ich nicht aus den Augen meiner tugend-
„haften Führerin gehen. Aber gewiß auch nur,
„ſo lange es nothwendig iſt, bleibe ich in Rom;
„denn wenn es auch wirklich ein Himmel wäre,
„und Sie ſind nicht da, ſo iſt es für mich keiner.
„Ich ſoll Se. Heiligkeit ſprechen, und dies ſoll
„mein letzter Augenblick hier ſeyn. Tinto wird
„Sie von den Bemühungen des Kardinals für
„Ihre Sache benachrichtigen. Ich bitte Sie
„nur, Lauren immer zu lieben, wie Sie ſie lieb-
„ten. Ich küſſe Ihnen Beiden ehrfurchtsvoll
„die Hände, und mit einer Thräne der Dank-

„barkeit für Ihre älterliche Liebe schließe ich
„diese Zeilen —"

Die es beweisen, daß du noch unverdorben bist.
Aber der schöne Mann, Tinto, macht mir doch
Scrupel.

(Er nimmt Gabrielen den Brief des Kardinals aus
der Hand, und liest ihn flüchtig durch.)

Viel Gnade — und ziemlich viel Anschein von
Aufrichtigkeit. Wenn die Herren in frühern Zeiten nicht daran gewöhnt würden, zu schreiben, was
sie nicht denken, so könnte man glauben. Das
schlimmste bey der Sache sind die tausend Dukaten.

Tinto. Aber, Kampano, Sie treiben doch
auch Ihre Pünktlichkeit zu weit. Sie können ja
ohne Geld gegen Saldezzino und Benvoglio nicht
handeln.

Kampano. So tragen Sie es zu meinem
Prokurator. Er soll die Sache anheben, und die
Gelder Sr. Eminenz berechnen.

Tinto. Eigner Mann! Ich werde Ihr Kassi-
rer seyn. Ueberhaupt dächt' ich, Sie gäben mir
Vollmacht, den Handel in Ihrem Namen zu be-
treiben.

Kampano. Recht gern. Schaffen Sie mir nur

Lauren bald, und machen Sie übrigens, was Sie
wollen. Noch eins. Saldezzino hat zweymal nach
Ihnen geschickt. Reisen Sie doch hin. Vielleicht
ist aus dem Buben etwas zu bringen. Kommen
Sie in mein Cabinet wegen der Vollmacht.

(Beide ab.)

Gabriele. Auch die tausend Dukaten ihm!
Nein, Kampano, mein Tage ist das nicht richtig.
Ich bin in der That für alles eingenommen, was
zur Kirche gehört; aber wenn einer der Heiligen,
die ich anbete, so ausgesehen hätte; wie dieser ehr=
same Pater, ich würd' ihn aus der Reihe meiner
Beschützer verstoßen. Ich will nicht seyn, die ich
bin, wenn er nicht den Kardinal und meinen
Mann am Strickchen umherführt, wenn er nicht
mit dem Bösewicht Saldezzino unter einer Decke
steckt, wenn der arglistige Wollüstling nicht selbst
Absichten auf Lauren hat, wenn er nicht Gruben
gräbt, in die wir fallen sollen. Und Gabriele, die
das alles sieht, muß schweigen.

═══════

Rom.

Palast der Markise.

Antonette. Hernach die Markise; endlich Eduard.

Antonette.

Das ist ja ein Leben, wie im Himmel! Wochen vergehen, in denen Eduard nur einmal kömmt, nur einmal geht. Das heißt, er ist unaufhörlich bey ihr. Kläglich, wahrhaftig, daß unser eins nicht auch einen solchen Liebhaber erwischen kann. Gar nicht überdrüßig zu werden, immer sich gleich zu bleiben? Warum geht's mir nicht so? Da kommen die Herren, und zwey, dreymal — weg sind sie! Wer zum viertenmale ja erscheint, kömmt zum fünftenmale gewiß nicht wieder, es müßte denn ein Pater seyn, der nicht weiß, wohin, oder den man an allen andern Orten abgewiesen. Bald fange ich an zu glauben, daß die Liebe der geistlichen Herren eine sehr ekelhafte Liebe ist, auch ist sie gewöhnlich sehr sparsam im rendiren. O des großmüthigen Mylords! Summen hab' ich von ihm, blos weil er meine Herrschaft liebt. Wenn er nun mich liebte — der Gedanke macht mich vor Freude trunken, was würde die Wirklichkeit nicht thun —

Markise. (tritt ein.) Warum bin ich denn so bange, Mädchen, wenn er mich nur auf einen Augenblick verläßt? Sind das Symptomen der Liebe, so hab' ich noch nie geliebt. Wie ich meinen Mann nahm, glaubte ich auch, ich wäre verliebt. Er war ein schöner Mann, er gefiel mir. Freylich glaub' ich, es gefiel mir mehr, daß ich frey wurde. Meine Eingezogenheit bey meiner Tante, die eklen Tugendpredigten gefielen mir nicht. — Und doch ist Eduard auch ein strenger Tugendprediger, und er gefällt mir. Erkläre sich das, wer kann. Meine Gedanken bleiben stehen. — Die Entfernung eines Jahrs von meinem Manne hat mich nicht bekümmert. Eduards Entfernung ist mir schrecklich, dauert sie Stunden —

Antonette. Das kömmt daher, Markise, weil Sie Ihrer Leidenschaft zu freyen Lauf lassen. Sie gehen mit so raschen Schritten verwärts, daß Sie sich nicht allein ermüden, sondern aufreiben werden.

Markife. O Mädchen! Den Tod der Liebe
zu sterben, das muß sehr süß seyn. Ich fühle es,
daß mein Feuer nicht blos brennt, daß es verzehrt.
Aber laß es, ich werde es nicht dämpfen. Eduards
Macht läßt es zur ewigen Flamme werden.

Antonette. Erlauben Sie, gnädige Frau,
daß ich mich auf einen Augenblick zu Ihrem Besten bis zu Ihrer Freundin erhebe. Sie vergessen
sich ganz. Sie vergessen Ihre Lage, vergessen,
daß Ihre Freyheit Chimäre ist, die Sie sich denken,
einbilden, wahr glauben, und darnach handeln.
Ihr Gemahl liebt Sie unaussprechlich, traut Ihnen so unbegränzt, daß kein Spion zur Aufsicht
über Sie in Ihren Diensten ist. Von Ihren Er-
gebnen haben Sie nichts zu fürchten. Das aber
macht Sie so sicher, daß Sie den Zufall vergessen.
Ganz Rom weiß nicht allein Ihre Liebe, sondern
Sie breiten sie selbst aus. Ganz Rom, wir wollen das einmal annehmen, weiß nicht, daß Sie
verheirathet sind. Aber Reisende gehen von hier
immer in des Kaisers Staaten. Wie leicht kann
da ein unschuldiges Wort Sie verrathen? Noch
mehr; Sie beantworten Ihrem Gatten seine
Briefe nicht. Unruhe darüber kann schon ihn her-
bringen, wenn schon die Nachrichten ihm verbor-

gen blieben. Nehmen Sie an — er kömmt. Jeder Mund erzählt ihm die Liebe der Wittwe, die — seine Frau ist — Das Wetter bricht los — Sie sind in einer Gefahr, die doch, so groß sie ist — Kinderspiel gegen die ist, die eben dieser Eduard, dieser so unbegränzt beglückte Eduard läuft. Was bringt ihn dahin? — Ihre Unvorsichtigkeit — Ziehen Sie sich zurück, lassen Sie Rom glauben, Ihr Bündniß lasse nach —

Markise. (äußerst heftig.) Thörin! Was ist das für ein Rath? Was wagst du, mir zuzumuthen, daß ich läugnen soll, was ich lieber ganz Europa ankündigte. Daß er mich liebt, ist große Wonne, aber die größte wird dadurch daraus, daß man weiß, er liebt mich — Und was treibt dich, Dinge in mir aufzuregen, die ich vergessen will? Nein, ich habe den Marquis nie geliebt! Wahn ist's gewesen, dummer, thörichter Wahn. Rasend möchte ich werden, daß er mein Gatte ist! Vergessen will ich's, wie man seine Sünden vergißt. — Geh! — komm mir nie wieder vor die Augen, wenn du den verhaßten Mann noch einmal nennen willst.

Antonette. Aber ich bitte Sie fußfällig —

Markise. Geh, Schlange, gleich geh! —
Du bist bestochen — ich werde dich fortjagen —

(Antonette geht ab, der Markise stürzen Thränen aus den Augen.)

Markise. Wahr ist's, was sie sagt! Und daß das wahr ist, ist doch wohl zum Verzweifeln! Und nichts kann dies geknüpfte verhaßte Band auflösen, nichts — und alle Grundsätze Eduards sind unerschütterlich — und zeigen eine Aussicht? — Ja, die Aussicht, daß es aus mit seiner Liebe ist, wenn er's erfährt! — Aus könnt' es mit seiner Liebe seyn? Ha! da ist's aus mit mir — aus mit der ganzen Welt! — Tod! Tod! — Ja, du trennst den Bund — Welch ein schrecklicher Gedanke! — Ha! wenn Eduard den wüßte, wie würd' er fliehen vor dem Weibe, die den Gedanken nur aufsteigen lassen konnte, Mörderin an ihrem Gatten zu werden — Ist's nicht schrecklich, daß meine Seele in diesem Augenblicke fühlt, sie verdient es nicht, daß Eduard sie liebt!

Vorsichtig sollt' ich seyn! Vorsicht und eine solche Leidenschaft, wie reimen sich die zusammen? Jede Vorsicht selbst könnte mir zum Verderben werden, weil ich sie nicht anzugreifen, nicht zu behandeln weiß. Ich soll ihm auf seine Briefe ant-

worten? Sind sie nicht alle voll von Liebe, die
ich nicht ertragen kann, vor der ich zurückbebe?
Wie könnte ich die beantworten? Kalt würden
meine Antworten seyn, wie mein Herz, wenn ich
an ihn denke, und dann käm er gleich — gewiß
gleich — und Eduard!

O Eduard! Du solltest das Geheimniß wissen,
und mich doch lieben, so mich lieben, wie du mich
jezt liebst. Du hast wohl Recht — es giebt kein
Weib, die das priesterliche Ja nicht gern ergreifen
sollte, um den Mann der Liebe zu ketten. Und
ich sprach das einzige glückliche Wort in der un-
glücklichsten Stunde aus, und verscherzte mit dem
Ausspruche jede Seligkeit meines Lebens — Und
ich bin noch nicht rasend?

Ha! bald werd' ich's werden! Wenn Eduard
in mir die Ehebrecherin sieht, dann, dann bin
ich's —

(Sie geht in heftiger Bewegung auf und ab.
Eduard tritt ein.)

Eduard. Was ist Ihnen, meine Beste? so
unruhig, so in Wallung! Geweint? Warum?
O Markise! ist Ihr Eduard nicht im Stande, Sie
ruhig, Sie glücklich zu machen?

Markise. Ja, er iſt's — Er kann es gewiß.
Wenn du nicht bey mir biſt, fahren tauſend wi-
brige Grillen in mir auf. — Sie ſchränken ſich
nicht blos auf mich ein, mein Lieber, ſie betreffen
auch andre. Da denk' ich mir ſo manches unglückliche Weib, welche die Gattin eines Mannes iſt,
den ſie nicht leiden, nicht lieben kann. Nicht
wahr, Mylord, es iſt etwas Trauriges um die
Ehe?

Eduard. Warum darüber ſtreiten, Markiſe?
da unſre Grundſätze nie darin übereinſtimmen
werden, und da Ihre Wünſche ganz erfüllt ſind,
da ich Ihnen nachgegeben. Ich kann nicht Ihrer Meynung ſeyn, weil ich zu gewiß fühle, ich
wäre das, was ich jezt bin, wenn ich Ihr Gatte
— wenn Sie, wie Sie meine liebende Geliebte
ſind — mein liebendes Weib wären.

Markiſe. Das müßte mich froh machen, Mylord — und ich glaub's — nur gar zu gern glaub'
ich's Ihnen, Sie würden das ſeyn; aber Sie
rechne ich auch wirklich unter die Ausnahmen.
Denken Sie aber nun ein Weib, die ihren Gatten
nehmen mußte, nicht gerade aus Zwang nehmen
mußte — nehmen mußte, weil ſie unter einer Auf-
ſicht ſtand, die ihr gehäſſig war — weil ſie in der

Aufsicht dieses Mannes ein viel liebenswürdigeres
Bild fand, als die Lage war, in der sie sich vorher befand; die damals nichts von Seelenliebe,
nichts von Uebereinstimmung fühlte. Nehmen Sie
einen Sklaven barbarischer Nationen, frey und
als Herr geboren, der unter der peinlichsten Lebensart sich gedrückt fühlt, der, um ihrer los zu
werden, auf Lebenszeit sich einem christlichen Herrn
verspricht, wenn er ihn loskauft, jene neue Sklaverey für Seligkeit gegen diese hält. Beide sind
in gleichem Verhältniß; die neue Sklaverey dünkt
im Anfange schön, bald, wenn die alte vergessen
ist, drängt sich der Gedanke an Freyheit herzu,
und diese wird so unerträglich, wie jene war. Bedauren Sie den Mann nicht? — Und das Weib,
in deren Seele bald Leere gegen den Mann erscheint, den sie nicht liebte, bald Sklaverey, die
erst leiblich schien, ihrem Herzen unleiblicher als
die erste wird, wird nicht Theilnehmung wirken?
Setzen Sie noch dazu, der Mann ihrer Seele erscheint, sie sehen sich, lieben sich — streiten —
vergessen sich endlich — nicht Verzeihung, Eduard,
nicht? —

Eduard. Ihre Beredsamkeit strömt — aber
aus einer falschen Quelle. Theilnehmung? o ja!

Verzeihung? Eben so sehr — aber Achtung? Nein,
Markise — ich kenne kein Gefühl, das mir über
das Gefühl ehelicher-Treue ginge. Ich weiß
Schwachheiten zu vergeben, aber sie müssen in den
Schranken der Schwachheiten bleiben —

Markise. Schranken für Schwachheiten? O
ihr Philosophen? Eduard, wärst du nicht so warm
gegen mich, ich würde sagen, die Philosophie ist
eine eiskalte Schwachheit, sie verläugnet Natur
und Menschheit.

Eduard. Sie haben zu viel, was für Sie
spricht, Markise, sonst könnte diese Aeußerung leicht
den wärmsten Ihrer Liebhaber so wankend machen,
daß er selbst seine Leidenschaft für Sie als Schwachheit auslegte.

Markise. Sie erschrecken mich', Eduard.
Nichts mehr davon, Geliebter. Du könntest sagen, deine Leidenschaft zu mir wäre Schwachheit?
— Dann könntest du denken, sie zieme dem Manne
nicht, und mich verlassen? (Sie bricht in Thränen aus)
Was sollte ich Unglückliche dann anfangen? Nein,
du bist zu weit in deinen Geständnissen für mich gegangen. Man bleibt nicht so lange schwach. Du
wärst lange zurückgekommen, und ich wäre lange
nicht mehr. Du machst mich zittern für meine

eigne Schwachheit.   Meine Liebe zu dir wäre
also auch Schwachheit?

Eduard. Geschwärmt, geschwärmt! O meine
Beste! wozu bedürfen wir alles dessen?   Ihnen,
wenn Sie auch schwach wären, würde ich tausen-
derley zu gute halten, was andere nie von mir
verziehen bekämen.   Heißen Sie das Schwachheit.
Ungerechtigkeit ist's nicht, denn die Liebe will ihre
Rechte und ihre Vorzüge haben.

Aber weg davon.   Ich habe einige wichtige
Briefe nach England zu schreiben. Geben Sie mir
den Schlüssel zu Ihrem Cabinette. Es sind Briefe,
die meine Abreise von hier verhindern, und meine
Gegenwart dort unnöthig machen sollen. Die verweigern Sie mir gewiß nicht zu schreiben?

Markise. (giebt ihm hastig den Schlüssel, und fällt ihm
um den Hals.) Da, mein Bester, schreiben Sie,
schnell, eilig, versäumen Sie keinen Augenblick,
der die kostbarsten Briefe aufhalten könnte! Sie
nach England, und ich hier — das ist unmöglich —
unmöglich sag' ich —

(Sie treibt ihn sanft zum Zimmer hinaus.)

Es ist mir, als ob Trost in mich gekommen
wäre.   Mir will er vergeben, was er andern nicht
verzeihen würde.   Wahr! Ich bin zu furchtsam.

Erster Theil.   G

Ich traue der Liebe zu wenig. O sie hat mehr gethan, als das! Und hab' ich nicht der Waffen noch
genug? Noch lag ich nicht als Reuvolle, als Büf-
sende vor ihm auf den Knieen. Noch hat er mich
nicht im höchsten Standpunkte der Traurigkeit gesehen, die uns so schön machen soll. Noch hab' ich
nicht händeringend vor ihm gewinselt. O ihr Hülfsmittel alle! Begeistert mich dann, wenn ich einst
das schreckliche Geständniß thun muß, und eurer
bedarf!

Kampano's Landgut.

————

Saldezzino. Tinto.

Saldezzino.

Vergieb, Tinto, daß ich dich rufen ließ.

Tinto. Freylich zur ungelegenen Zeit. Doch wollt' ich dich nicht warten laſſen. Was giebt's? Etwas Nothwendiges muß es ſeyn.

Saldezzino. Sicher, Tinto, wenn deines Bruders Leben dir etwas Nothwendiges iſt.

Tinto. Dein Leben? Wahrhaftig, hier ſehe ich's nun eben nicht in Gefahr. Biſt du raſend geworden, Saldezzino, daß du bey geſundem Leibe mich aus Piſa holen läßt, um dein Arzt zu wer- den; daß du mich in Geſchäften aufhältſt, die von ſolcher Wichtigkeit ſind, daß ich darüber in Ungnade kommen kann? — Aber jezt ſeh' ich's, du biſt wirk- lich blaß. Was iſt das? Iſt etwas geſchehen? Hat man —

Saldezzino. Man hat nichts — es iſt auch nichts geſchehen, und doch iſt auch wieder viel ge- ſchehen —

Tinto. Rappelt's denn wirklich bey dir? Sprich doch deutlich!

Saldezzino. Es rappelt nicht bey mir. Laß mich nur zu mir selbst kommen. Ich ließ dich aus Pisa holen, um dir einen guten Rath zu geben.

Tinto. Um mir einen guten Rath zu geben? Das fängt mir an zu gefallen. Laß hören!

Saldezzino. Sey doch so gut, Tinto, und gieb dies Landhaus lieber heute als morgen dem Kampano zurück.

Tinto. Ein herrlicher Rath! Ich werde dich nächstens befördern müssen. In deinem Kopfe geht eine Helle auf, die ich nicht unbenutzt lassen kann. Treflicher Mensch! Nimmst du das alles aus dir?

Saldezzino. Scherze nicht, Tinto. So lange man's mit Menschen zu thun hat, kann man sich mit allerhand befassen. Aber wenn Geister sich ins Spiel mengen . . .

Tinto. Liegt's da? Laß doch sehen! was hast du denn mit ihnen verhandelt? Du Mitternachtsgesicht!

Saldezzino. Ich weiß gar nicht, wie du so

verwegen seyn kannst. In diesem Augenblicke
können sie ja um uns seyn. Du kannst dir keinen Begriff von dem Lärm machen, den sie hier
verführen. Hättest du doch alle andre Landgüter
im ganzen Pisanischen an dich gebracht, nur das
nicht. Ich ahndete es. Es überfiel mich schon
ein ängstlicher Schauder, wie ich hieher kam.
Gleich in der ersten Nacht foppte mich's zweymal.
Es kam in einem fürchterlichen Sturm, und pfiff
meinen Namen durch alle Ritzen. Die Wände
bebten, und hallten ihn wieder. Uhus und Eulen
wiederholten ihn, als ob man ihnen das Sprechen
gelehrt. Dicht um mich her wurde er geflüstert,
und ein paarmal drängte er sich mit Geprassel von
einem Ohre zum andern durch mein ganzes Gehirn.
Ich schlief in jenem Thurmzimmer, weil mir das
Bette dort das weichste zu seyn schien. Es war
eine fürchterliche Nacht. Die Dämmerung hatte
ich noch nie so sehnlich erwartet. Aber meine
Freude beym ersten Sonnenstrahl war gewiß sel-
ner Stärke gleich. Ich erkundigte mich bey einigen von den alten Leuten, wer hier geschlafen?
„Nur zuweilen der Herr, antwortete man, wenn's
rechter Sturm gewesen, denn er habe den Wind
gern um sich sausen hören." Du kannst mir's

glauben, Bruder, da hat er sich mit ihnen unterhalten, und weil der neue Herr nicht [hat] hören
wollen, so haben sie ihn so bewillkommt.

Tinto. Wahrscheinlich hast du dich doch von
da weggemacht?

Saldezzino. Natürlich! Ich legte mich in
Kampano's gewöhnliches Schlafzimmer. Da
ging mir es noch schlimmer. Ich konnte kein Auge
zuthun, und Gestalten gingen, obgleich ich eine
Lampe brennen ließ, vor meinem Bette vorüber,
die ich ansehen mußte, ich mochte wollen, oder
nicht. Sie zerrten mir das Tuch weg, womit ich
mich deckte, und rissen mir die Augenlieder auf,
so fest ich sie auch zupreßte. Sie grinzten mich
gräßlich an, als ob sie meiner spotteten, und manche sahen aus, als ob sie mich fragen wollten, was
ich hier machte? Brüder! es war fürchterlich
anzusehen!

Tinto. Das glaub' ich dir, armer Tropf.
Aber du bist doch mehr als zwey Nächte hier im
Hause?

Saldezzino. Hör' nur weiter. Die dritte
Nacht legte ich mich in Laurettens Bett —

Tinto. Unheiliger! Auch das mußtest du ent-
weihen!

Saldezzino. Wahrhaftig, so etwas muß daran gewesen seyn. Ich dachte, die Stätte, wo die Unschuld selbst gelegen, müßte von allen Beeinträchtigungen frey seyn. Freylich hatte ich keine gar zu reinen Gedanken, wie ich mich niederlegte. Zwey Bouteillen Zyperwein, und das Mädchen mir vor den Augen tanzend, machten, daß ich in süßen Wonnegefühl einschlief; allein wie ich mitten in der Nacht erwachte, heiliger Franciscus! was war das für eine Glut in mir und um mich! Hölle! Hölle! dacht' ich und rief ich. Ich brannte über und über.

Tinto. Narr du, hättest ein paar Flaschen Wasser vor's Bette setzen sollen. Wer trinkt Zyperwein, und träumt von einer Lauretta, und es geht ihm nicht so?

Saldezzino. Ich vermuthete Durst. Ich hatte Wasser beordert. Meynst du, ich hätte dazu kommen können? So wie ich mich aufrichtete, schlug's mich mit feurigen Geißeln wieder nieder. Da standen sie roth und blau, gelb und schwarz. Alle hieben auf mich. Ich wollte schreyen, ich konnte nicht. Ich suchte mich ihren Schlägen zu entwinden. Sie mußten mich halb todt geschlagen haben, denn wie ich wieder zu mir kam, war's heller lichter Tag, ich lag auf der Erde vor dem Bette, und triefte vor Angstschweis.

Tinto. Das muß noch nicht das ärgste gewesen seyn, sonst hättest du mich gleich holen lassen.

Saldezzino. Ich schickte, aber du warst schon in Rom. Ich wagte es die vierte Nacht in Gabrielens Schlafkammer. Ich trank viel Wasser, und nahm Cremortartari. Da gings besser, besonders als ich den andern Tag alles, was von Heiligen in meinem Hause war, in Kampano's Hause wollt' ich sagen, oder in deinem Hause, Bruder, zusammennahm, und um's Bette herstellte; sogar aus den Büchern nahm ich die Heiligenbilder, und heftete sie mit Stecknadeln ums Betttuch her. Anfangs konnt' ich nicht wissen, was die Wirkung that, daß ich ruhig schlief, und nur dann und wann einmal aufschrie, ob's die Heiligen, oder Kraft von Gabrielen wäre. Seit gestern ist mir aber ein Licht aufgegangen, und ich verdank' ihr das alles.

Tinto. Der Alten? Das finde ich neckisch. Und wie kam die Ohnmacht der Heiligen an den Tag?

Saldezzino. Gestern Morgen kam der alte Hausverwalter, den ich immer für meinen ärgsten

Feind gehalten, weil er so grisgram bey der Ueber-
nahme des Guts war, zu mir, und sagte sehr freundlich, ich thäte wohl, daß ich mich mit den Heiligen
verpanzerte, denn es wäre nicht gar zu richtig im
Hause, erzählte mir da ein langes und breites —

Tinto. Was du mir ein andermal mittheilen
kannst.

Saldezzino. Gut; diese Nacht also reißt's
die Thür auf, und schmeißt mir nichts dir nichts
all den heiligen Kram wie Kraut und Rüben durch
einander, reißt mir die Bilder vom Betttuch, aber
ins Bette wagte sich's nicht. Da muß noch Gabrielens Leibpatron Wache halten. Ich kroch un-
ters Bette, und schlief troß der Angst wieder ein.
Wie ich des Morgens aufstehe, sah ich die ganze
Bescherung, ärger als bey den Philistern. Eine
gipserne Marie war in tausend Stücken, der Kopf
war in einen treflichen Paulus gefallen, und hatte
ihm die Nase gespalten; ein Arm war dem heiligen Franz durch den Mund gefahren. Ein höl-
zerner Johannes war von oben bis unten gesprun-
gen, und durch ihn eine ganze heilige Familie auf-
gerissen. Die Marie hatte einen hölzernen Schein
gehabt, der die tres reges gespießt; was von Pa-

pier war, da sahe man nicht mehr, wie es ausgesehen.

Tinto. Der Hausverwalter hat es wirklich
mit seinen Hausgötzen sehr übel gemeynt.

Saldezzino. Im Ernst, Bruder, ich verstehe den Spaß nicht. Schaff mir Ruhe —

Tinto. Du hast ja Gabrielens Bette, was
willst du mehr? Am Tage quält dich's doch
nicht?

Saldezzino. Nein, am Tage quält mich's
nicht. Aber denken kannst du dir doch, daß die
Kraft von Gabrielen endlich einmal zu Ende geht,
und wer mit Heiligen so umspringen kann, der
wird mit mir armen Sünder es noch weit ärger
machen. Ich greife alle Augenblicke an meine
Nase, ob sie noch da ist. Hör', Bruder, gieb
das Gut weg, oder laß einen andern darauf wohnen.

Tinto. Das geht nicht. Du weißt, unter
welchem Namen du hier bist. Ich kann niemanden das Geheimniß anvertrauen.

Saldezzino. Hör' Bruder, ich steh' dir vor
nichts. In der Seelenangst schrey ich einmal alles zum Fenster hinaus, oder packen sie mich einmal, so brech' ich alles. Ich bin doch ein Mensch,

Bruder, und so was kann kein Mensch tragen.
Ich wollte nur, du versuchtest es eine Nacht.

Tinto. Mondsüchtiger! Trink Wasser statt
Wein, lauf den ganzen Tag auf die Jagd, bis
die Füße dir weh thun, riegle dich fest in dein
Zimmer ein, daß kein Hausverwalter hinein kann,
schmeiß den heiligen Plunder zum Fenster hinaus,
sey klug, und du wirst schon Ruhe haben.

Saldezzino. Das alles wirkt nichts. Ich
warne dich, Tinto. Trau mir nicht. Ich laufe
zum Kampano, und erzähle alles.

Tinto. Ich kann mich hier nicht länger ver-
weilen. Ich will dich also auch nur warnen. Der
Thurm, Saldezzino, der dich zuerst erschreckt hat,
geht zwanzig Ellen tief unter die Erde. Parterre
ist ein Loch, wo gerade ein Mensch durchspaziren
kann. Uebrigens fällt man weich, denn unten
sind Schlangen und Kröten, die sich selbst auffres-
sen und dann wieder vermehren; und davon sehr
fett werden. Die Wände sind glatt wie Spiegel,
an kein Aufklettern ist zu denken. Ein Wort, das
du einem Geiste oder einem Menschen sagst, macht
diesen Thurm zu deiner Wohnung. Den Zeitver-
treib kannst du dir denken. Tag und Nacht sind
gleich dunkel. Wasser und Brod wird dir täglich

an einem Seil herabgelassen; aber du mußt glücklich genug seyn, im Finstern es zu ertappen, sonst
fressen's deine kriechenden Kammeraden, und du
mußt hungern. Gabrielens Bett kann ich dir
auch nicht versprechen. Ueberleg' die Wahl, und
damit Gott befohlen.

(geht ab.)

Saldezzino. Er wär' im Stande, und hielte
Wort. Er befiehlt mich Gott, und will mich dem
Teufel in die Krallen werfen. Hat er mich ihm
nicht schon übergeben? Das erste Bubenstück, das
er mich ausüben hieß, war gleich der Hölle werth.
Aber was sollt' ich thun? Keines Scudi war
ich Herr, hatte auch keine Hoffnung, einen zu bekommen. Wo ich einen Dienst suchte, da hatten
Andre mehr gelernt als ich. Wo Protektion nöthig war, da gab's beßre Schmeichler; wo List
siegte, da hieß es, der dumme Teufel bleibt weit
zurück. Da malt' er mir nun meinen Zustand,
daß ich entweder vor Hunger verdorren, oder mich
auf die Galeeren verkaufen müßte. Soldatenglück
wär' wegen meiner Feigheit nicht zu machen, zum
Pfaffen sey ich gar zu dumm. Ein Beutel voll
Zechinen, den er mir vor die Augen hielt, machte
mich stumm. Ich ging mit ihm, und sprach kein

Wort. Ich wurde gefragt, ob ich die Lästerungen des Grafen L** gegen die Unbeflecktheit Mariens gehört. Ich sagte ja. Mir wurde ein fürchterli, che: Eid vorgelegt. Ich fuhr zusammen; aber ein Blick von ihm machte, daß ich ihn wegschwur. Jezt hatt' ich Geld. Ich wollt's anlegen, und nun ehrlich werden. Wie ich im besten Planma, chen bin, kömmt den dritten Tag jemand, und er, zählt, Graf L** sey eben hingerichtet. Das fuhr mir durch Mark und Gebein. Ich mußte mich zerstreuen. Ich ertränkte meine Angst in Wein, das half nur auf Augenblicke. War ich nüchtern, so war sie wieder da. Ich klagt' es Tinto. Er fand ein Mittel. Er schickte mir eine der schönsten Venuspriesterinnen Roms. Das war probat. Die Hexe schläferte mich so ein, daß mein Gewissen taubstumm wurde. Es war ein königliches Leben, das ich führte. Aber das Geld wurde all, und die Buhlerin verschwand, so wie die Goldstücke ver, schwunden waren. In der Bosheit meines Herzens that ich einen freywilligen, schrecklichen Schwur, nie wieder einer solchen Syrene zu trauen; denn wen der Teufel ganz haben will, den laß er nur nicht ohne das Geschlecht. Ihr buhlerischer Blick zerstreut das Andenken an Sünden, ihr verführe,

risches Lächeln überschwemmt die Reue, und das
Feuer ihrer Küsse brennt den edelsten Vorsatz zu
unwirksamer Asche, spricht Tinto. Das war der
Trost, den er mir gab, als ich ihm meine Leiden
klagte, und nun saß ich wieder im Elend bis über
die Ohren. Mußt' ich nicht den zweiten Schurken-
streich begehen helfen?

Amorso (tritt ein.)

Amorso. Nun, gnädiger Herr, hat Tinto
Trost gebracht? hat er nicht gefunden, daß es sehr
bunt zugegangen?

Saldezzino. Er fand, er glaubte, daß Ihr
— nein, er fand es wirklich sehr schlimm.

Amorso. Er fand, daß ich — Wie? gnädiger Herr, ich will nicht hoffen, daß ich in dem
Verdachte stehe, als ob ich in einem Bündnisse mit
diesen saubern Gesellen stände, die unsre Haus-
freunde so mißhandeln? — Der Pater Tinto
könnte mich wohl gar angeben. Nein, gnädiger
Herr, da muß ich bitten, mir alles zu sagen.
(für sich.) Sollte der auch ein Schelm seyn?

Saldezzino. Aengstigt Euch nicht darüber;
ich bin noch so verwirrt, ich weiß nicht, was ich
rede. Er sagte, es ginge hier sehr schlimm zu. Er

sprach von dem Thurm da, der zwanzig Ellen unter die Erde geht. Ist das so?

Amorso (für sich.) Das ich nicht wüßte. Aber ich will ihn dabey lassen. (laut) Ja, gnädiger Herr, zwanzig Ellen tief, und ein exsekrables Loch.

Saldezzino (zitternd.) Wirklich? Könnt Ihr nicht den Eingang, die Oeffnung meyn' ich, vermauern lassen? Ich fürchte, daß ich — einmal hinunterfalle —

Amorso. Ja, gnädiger Herr, das will ich. Aber wollen Sie sie nicht erst sehen?

Saldezzino. Nein! nein! nein! (Er umarmte ihn.) Guter Amorso, thut das gleich! laßt es gleich vermauern. Und die Heiligen wollen wir wieder zusammenflicken —

Amorso. Repariren, wollen Sie sagen, gnädiger Herr; ja, auch das. Ich will Ihnen noch eins vorschlagen. Es ist ein Zimmer im Hause, da wagt kein Geist sich hin, selbst den ärgsten Verbrecher kann er dahin nicht verfolgen. Der vorige gnädige Herr meynte, nur einer der so etwas begangen, wie ein Königsmord, der könne da keine Zuflucht finden, sonst alle. Wie wär's, wenn Sie sich in das Zimmer legten? — Ueberlegen Sie

sich's, ich will indessen mauern und Heilige repariren.

(ab.)

Saldezzino. Bravo! Das Loch wird ver-
mauert, und einen Königsmord hab' ich auch nicht
auf dem Herzen. Ein Graf ist ja kein König.
Lustig, Saldezzino, dein Freudenleben wird wieder angehen. Den alten Mann werd' ich in Gold
einfassen lassen, und wenn's mir in den Kopf
kömmt, so geb' ich Tinto nicht einmal ein gut
Wort, läugne den Bruder ab, und behalte das
Gut.

Rom.

***

Palast der Gräfin Medina.

Gräfin. Lauretta. Hernach der Kardinal.

Gräfin.

Sie glauben nicht, Laura, wie froh ich bin, daß die gestrige Freude nach Ihrem Geschmack war, daß Sie nicht unbefriedigt den Ballsaal verlassen.

Lauretta. Gewiß, Gräfin, wäre mein Vater nicht so eingenommen gegen die vermummten Bälle, ich würde ihnen den Vorzug vor allen andern Lustbarkeiten geben. Es giebt da so vielerley, was sie schätzbar macht. Einmal kann man sich die Gleichheit der menschlichen Stände so lebhaft denken; dann der Mangel an Zwang, Freyheit im Bilde, die Sorglosigkeit im Beneiden, die besonders bey unserm Geschlechte so selten Statt findet; der Beobachtungsgeist wird geschärft, ohne daß man seinen Untersuchungen Einhalt zu thun

Erster Theil.   H

braucht, weil etwa dieser oder jener Ehrfurcht mit
Aufmerksamkeit verlangt.

Gräfin. Und mich däucht, Ihre Seele war's
nicht allein, die sich da beschäftigte. Sie tanzten
ziemlich viel, Laurette, und nicht ohne Wärme —

Lauretta. Tanzen war mir immer Lieblings-
leidenschaft. Nur fand ich noch nicht leicht Gelegenheit, so ungezwungen sie zu befriedigen.

Gräfin. Und vielleicht nicht so leicht Gegenstände, mit denen Sie sie so gern befriedigten.
Laurette wird Ihrer Herzensfreundin kein Geheimniß daraus machen, daß Sie bey einem Tänzer mehr fühlte, als bey den übrigen, sich mehr
anstrengte, leichter dahinschwebte, feuriger umher-
blickte, wärmer ihn betrachtete.

Lauretta. Geheimnisse! Wie könnt' ich die
für Sie haben? Nein, Gräfin, ich läugne das
nicht: aber ich muß mich auch rechtfertigen. Nicht
bloß der schöne Anstand des Mannes, und sein her-
vorstechendes Tanzen machte es, daß ich lieber mit
ihm tanzte; besonders that es seine Bescheidenheit.
Ich muß gestehen, Roms Stutzer sind ein wenig
frey. Ihr Händedrücken, ihr Händeküssen, ihr
heftiges Umfassen, ihre zudringlichen Näherun-
gen könnten mich wider sie einnehmen. Mein

Lieblingstänzer that das alles auch, aber mit einer Zurückhaltung, die Ehrfurcht gegen unser Geschlecht blicken ließ.

Gräfin. Sollten Sie nicht etwas für ihn eingenommen seyn, Laurette? Dinge, die uns angenehmer sind, als andre, kommen uns auch oft bescheidner vor.

Lauretta. Mitleiden, Gräfin! Wie könnten Sie in der Lage, in welcher ich bin, wohl glauben, daß ich mich unterfinge, an Leidenschaft zu denken?

Gräfin. Das ist mir lieb, Kind, sehr lieb. Ob ich schon nicht zweifle, daß Rom etwas enthalten wird, was es Ihnen einst theuer macht. Obschon Ihre Lage so schnell sich ändern muß, daß Sie in keiner einzigen Sache darauf Rücksicht zu nehmen brauchten, so wünschte ich doch nicht, daß gerade Ihr Tänzer der Mann wäre, der Eindruck auf Sie gemacht.

Lauretta. (naiv.) Und warum nicht, Gräfin?

Gräfin. Verrathen Sie sich nicht, wenn Sie sich nicht verrathen wollen; aber um allen weitern Mißverständnissen vorzubeugen, so wissen Sie, Ihr Tänzer könnte, wenn Sie ihn auch dazu

wählen wollten, nie Ihr Geliebter werden. Die
Maske war mein Bruder, der Kardinal.

Lauretta. Ihr Bruder, der Kardinal, war
auf dem Balle?

Gräfin. Das darf ich freylich nur Ihnen sagen. Nur verborgen müssen solche Männer gewisse Lustbarkeiten genießen. Betrug er sich so,
daß Sie ihn tadeln können, selbst da Sie wissen,
er war der Kardinal?

Lauretta. Keinesweges. Wer Freuden fühlt,
und, ohne Anstoß zu geben, im Verborgenen sie
genießen kann, den table ich nicht. Und dann,
Gräfin, bin ich gar nicht böse, daß es der Kardinal war. Es ist mir sogar lieb, daß es kein andrer war. Man ist schwach, und sollte ja meine
Schwäche mich zu Aeußerungen verleitet haben,
die einer Auslegung unterworfen wären, so könnte
der Kardinal diese auf der besten Seite auslegen,
da er meinen ganzen Dank und Erkenntlichkeit
auf seiner Seite hat. Uebrigens aber, Gräfin,
ist mir's immer ein wenig warm ums Herz, wenn
ich meine Zuflucht bey einem so kurzen Aufenthalte
in Rom schon zu dieser kleinen List nehmen muß,
und hätten Sie mir nicht die Nothwendigkeit,
sich ein wenig zu verstellen, so deutlich gemacht,

so würde ich mich schon für verschlimmert halten.

Gräfin. Und ich will Sie damit trösten,
meine kleine Schwärmerin, daß jedes Gefühl,
das jezt bey Ihnen ist, Sie, vielleicht nur etwas
später, in Pisa ergreifen mußte, daß Sie dort vielleicht offner gegen den, der es erregte, zu Werke
gingen, und ohne eine Führerin leichter in Schlingen fallen konnten, denen Ihr Herz doch einmal
ausgesetzt ist.

Lauretta. Wie soll ich darauf antworten?
Ich kenne mich nicht, Gräfin. Ich muß mich
Ihnen gänzlich überlassen. Ich weiß bey den verschiedenen Eindrücken, die hier auf mich wirken,
nichts anders, als daß ich in einem Labyrinthe
bin, worin ich nur um mich sehen, nicht den Weg
finden kann, mich herauszuwickeln. Wollt' ich's
läugnen, daß Ihr Bruder ein vorzüglicher Mann
ist, daß er mir unter allen Männern, wie Apoll
unter den andern Erdebewohnern steht, so mußte
ich Ihr Zutrauen hintergehen. Ich fühle jezt
ganz, daß mein Vater Recht hatte, wenn er uns
schwache Geschöpfe nennt, daß er mich mit Recht
für Rom warnte. Ich hoffe aber, dieser Ihr
Bruder, den zu lieben Tugend ist, weil er die Tu-

H 3

gend selbst ist, soll mich ganz sicher stellen, und sein
Bild, das tief in meinem Herzen liegt, soll jedes
andre Bild verdrängen, das etwa in diesem Herzen Eingang finden könnte.

Bedienter. (tritt ein.) Der Kardinal! —

Kardinal. (der ihm gleich nachfolgt.) Schon er-
holt von der gestrigen Schwärmerey, Gräfin?
In der That, Laurette, Roms Luft thut gute
Wirkung auf Sie. Sie haben die Nacht in er-
müdenden Tänzen zugebracht, und die Rose Ihrer
Wangen ist noch höher als gestern.

Gräfin. Schieben Sie das nicht allein auf
Laurettens Gesundheit. Wir waren eben in einem Gespräch begriffen, wobey Ihrer eben nicht
im schlimmsten gedacht wurde. Sie traten ein,
und Lauretten trat das Blut in die Wangen.

Lauretta. Womit verdient' ich das, gnädige
Gräfin, daß Sie meine Verlegenheit vermehren?
Sie sollten meiner billig schonen. Ich will Sie
aber eben so sehr bestrafen. Ew. Eminenz, Dero
Frau Schwester haben mir alle Geheimnisse der
vorigen Nacht entdeckt.

Kardinal. Nun, Laurette, dann hat sie Ihnen nichts gesagt, was Sie nicht am nächsten an-
ginge. Meine Aufmerksamkeit begleitet Sie bis

zu Ihren Lustbarkeiten. Sie sind mir von Seiten Ihrer und Ihrer guten Aeltern so werth, daß
ich sogar wissen muß, ob Sie am Vergnügen auch
Vergnügen finden, daß ich mich selbst bemühe,
dieses Vergnügen mitzumachen, weil es dann vielleicht mehr Reize für Sie hat.

Lauretta. Mehr Reize, Ew. Eminenz, und
mehr Sicherheit für mich, wenn ich es unter Ihren Augen genieße. Ich würde sagen, ich sehe
Sie dann für meinen Schutzengel an, wenn Sie
mir das erlauben.

Bedienter. Gnädiges Fräulein, Pater Tinto
wartet in Ihren Zimmern, und wünscht Sie allein zu sprechen.

Lauretta. O gewiß Nachricht von meinen
Aeltern. Kardinal, Gräfin, darf ich bitten?
mein Herz fordert diese Unbescheidenheit. Darf
ich mich entfernen?

Kardinal. Gehn Sie, wohin Ihr vortreffli-
ches Herz, und mehr Anhänglichkeit, als Sie für
uns haben dürfen, Sie ruft.

(Laurette küßt beiden die Hand, und geht ab.)

Gräfin. Nun, Herr Bruder, der Weg wäre
richtig eingeleitet. Ich gestehe Ihnen, ich bin
dieser seltsamen Tugend herzlich überdrüßig. Ich

H 4

spiele eine Rolle, die ich Ihnen zu gefallen über-
nommen, die ich aber, und müßte ich Rom mei-
den, nicht zeitlebens spielen möchte.   Ueberdem
macht die Sache Aufsehen, ist in vieler Menschen
Munde, und wird also auf vielerley Art ausge-
legt.   Man weiß sich nicht recht zu finden.   Für
hinterlistige Verführung eines Mädchens vom
Stande zur Mätreße, dauert den großen Zirkeln,
in die Laurette kommt, die Scene zu lange.   Man
geht dem Kardinal zu gefallen wohl Tage, höchstens eine Woche, mit einer solchen Person um —
dann aber —

Kardinal. Gestehen Sie nur, Schwester,
das Treiben ist mehr Ihr, als meinetwegen.   Ist
meine Stimme in Rom etwa so dumpf geworden,
daß man sie nicht mehr hören mag, oder gehöre
ich zu den Jaherren im Purpur? Ich kenne doch
Ihren Herzog, Gräfin. Er ist nicht der ohnmäch-
tigste.   Er hat Lauretten tief ins Auge gefaßt,
und ich müßte schlecht sehen, wenn ich nicht in seinen Augen meine Absicht, von Ihnen gemalt, er-
blickte.   Könnte er, liebe Medina, er würde bald
machen, daß ich von meiner Eroberung zurückge-
hen müßte.   Ich wäre nicht der erste Kardinal,
dem er einen Fund vor der Nase weggenommen;

aber sie wäre die erste, die man mir abgenommen, und der Herzog fürchtet sich, die erste Probe meiner Behandlung in dem Fall zu erfahren.

Gräfin. Aber wie mit der andern Partey, die Lauretten zu lieben anfangen, die sie in der Gesellschaft zu behalten wünschten, die sie gern in ihren Rang aufnähmen, und deren bey weitem die Anzahl größer ist?

Kardinal. Sie könnten mir keine angenehmere Nachricht geben, als diese. Hören Sie denn meinen ganzen Plan, Gräfin. Ich wünsche Lauretten in eine glänzende Laufbahn zu versetzen, und mein ganzes Herz ihr auf ewig zu geben. Ihre Zuneigung zu mir ist schon groß, und wie bald wird Liebe daraus entstehen! Eine so reine Liebe, wie sie dann zu mir haben wird, ist mir so schmeichelhaft, ist etwas so seltenes, daß ich gewiß immer an ihr hangen werde. Den Titel einer Fürstin kann der heilige Vater mir nicht versagen, denn noch nie habe ich ihn um etwas gebeten.

Gräfin. Sie vergessen, Kardinal, daß zu dem allen des Mädchens Einwilligung gehört, und noch mehr der Aeltern Einwilligung, daß, sobald Sie den Vater hieher ziehen, dieser alte Starrkopf

um Laurettens willen der Anhänger so viel haben
könnte, daß Sie darüber weichen müßten.

Kardinal. Die Bemerkung ist nicht ohne
Grund, Gräfin; aber dem wollen wir vorbeu-
gen.

Gräfin. Woburch, ist leicht zu sehen, aber
nur bald. Das Mädchen ist in der That verliebt. Sie weiß es nur noch nicht. Lassen Sie
diesen Zeitpunkt vorüber, so haben Sie den Ent-
zündungspunkt versäumt. Lassen Sie sich rathen.
Diese Bälle, die Lauretten so sehr behagen, sind
gerade kritisch. Wie könnte es Ihnen fehlen, das
Mädchen voll Temperament, dessen Folgen sie
noch nicht kennt, so warm zu machen, daß sie sich,
ihren Stand, ihre Tugend, und alles, was nach
dem Augenblicke, in dem sie lebt, folgen wird, vergißt? Ich wollte Ew. Eminenz wohl hiezu ganz
behülflich seyn, allein seit der lezten Erinnerung
wegen der Schlagflüsse im Medinaschen Hause,
habe ich eben nicht Ursache zu trauen.

Kardinal. Die ich doch wohl nur anbrachte,
um Sie zu disponiren, sich meiner Leidenschaft anzunehmen.

Gräfin. Wohl denn, Kardinal, Sie dürfen
nur ein Wort der Güte sprechen, und ich bin schon

überwunden. Hier haben Sie eine Arzeney, die nicht Leidenschaft dämpft, sondern erregt. Es ist eine Mixtur, welche die Wollust erfand, um der Tugend auch nicht den entferntesten Sieg über sich zuzugestehen. Wäre die Erfindung in Herkules Zeiten gefallen, so würde man sich nicht einmal getraut haben, das Mährchen von ihm zu Markte zu bringen. Geben Sie sie in einem warmen Augenblicke Lauren, und ich bin Ihnen gut dafür, Sie verlassen sie nicht unbefriedigt.

Kardinal. Das Geschenk nehm' ich an, und will es Ihnen auch bezahlen. Sie haben lange diesen Schmaragd gewünscht. Er ist vom ersten Feuer. Nehmen Sie ihn zum Andenken von mir, daß Sie mir einen wichtigen Dienst erwiesen.

Gräfin. Und nun außer dem Danke noch einen Wunsch. Sie wollten vom heiligen Vater eine Fürstin erbitten. Laurette wird mit der Gräfin vollkommen zufrieden, und Ihrer Schwester wird die Fürstin angemeßner seyn.

Kardinal. Sie nehmen die Hand, Gräfin, wenn man Ihnen den Finger giebt. Für Lauretten ist nichts zu gut. Zwar brauchte sie nicht Fürstin zu seyn, denn, Signora, wenn die Geliebte eines Kardinals kömmt, muß Ihre Equipage wei-

chen; allein gegen das, was mich liebt, knickere
ich nicht gern.   Den Gedanken lassen Sie sich
also vergehen.   Wären Sie nicht meine Schwester, und hätten, den Ihrigen ohnbeschadet, Laurettens Reize, und ihre Unschuld, dann, Gräfin —
doch was sprechen wir weiter darüber! Uebermorgen, liebe Medina, eine Redoute, so glänzend Sie
sie nur geben können, und so lange Adieu, denn
ich muß aufs Land.

(ab.)

Gräfin. Der Weg wäre verfehlt. Lieber
Herr Bruder, Sie haben aber nicht bedacht, daß
es deren mehrere giebt, daß Sie nicht der einzige
sind, der um so etwas bitten kann.   Die Sache
mit dem Kammerdiener ist vorüber.   Was Sie
nicht thun, thut vielleicht — Wenn ich von den
hunderttausend Scudi des Herzogs Fürstin werden
könnte, so fänden sich wohl andre Goldminen.
Rechnen Sie mir es also nicht zu, wenn die Freuden der ersten Nacht vor Ew. Eminenz vorübergehen — Aber da ist Lauretta schon wieder.   Ich
finde nun die Schönheit nicht an ihr, die halb
Rom bezaubert.   Und ihre eкle Strenge ist lächer-
lich, und doch hasse ich um ihrer Tugend, und um
ihrer Zudringlichkeit willen an mich, sie doppelt.

Verlachen sollt' ich sie, und bald werd' ich's können. Aber ihr Anblick ist mir Gift.

(Laurette tritt ein, die Gräfin eilt ihr mit offe-
nen Armen entgegen.)

Bestes Mädchen! Jeder Augenblick ist mir peinvoll, den Sie nicht bey mir zubringen. Aber Sie haben geweint? —

Lauretta. Thränen der Rührung — Aeltern geweint, die mich so zärtlich lieben; einem Vater, der, nachdem er alles verloren, mich nur bittet, zu ihm zu kommen, und der dann alles, was er verloren, gern vergessen will. Liebe Gräfin! so zärtlich muß noch keine Tochter geliebt seyn; der Werth, den man auf mich setzt, hat mich mein Herz erforschen lassen. Ich finde, daß ich hier in Rom viel vergnügter war, als ich hätte seyn sollen, daß ich frohe Augenblicke genießen konnte, während daß die besten Aeltern trauerten. Sehen Sie, Gräfin, mein Vater, er, der seiner Tochter befehlen konnte, bittet mich, zu ihm zurückzukehren. Lassen Sie mich die Bitte meines Vaters in ihrer ganzen Stärke auf Sie übertragen.

Gräfin. Warum besteht er aber so bringend auf Ihre Entfernung?

Lauretta. Verzeihung, Gräfin, wenn ich Ihnen, der Vertrauten meiner Seele, nichts verhehlen kann. Der andre Theil seines Briefs enthält nichts als Besorgnisse. Er fürchtet, — er ist zu wenig mit Rom bekannt, Gräfin, — er fürchtet, ich bin nicht in den besten Händen. Er fürchtet Sie und den Kardinal. Ich möchte ihm gern diese Furcht zerstreuen. Seine Zärtlichkeit gegen mich ist zu groß. Ich kann mir seine Angst denken — Er warnt mich für Gold, unter welchem Gift verborgen läge. Werden Sie aber auch zürnen, Gräfin, daß ich Ihnen das so offenherzig wiedersage?

Gräfin. Zürnen, Kind? Nicht einmal verdenken kann ich's Ihrem Vater, daß er das glaubt. Ich habe Ihnen ja Rom geschildert. Wären Sie in irgend einem andern Hause, als in dem meinigen, ich würde ihm selbst sagen: Kampano! nehmen Sie Ihre Laurette weg, das Mädchen ist zu unschuldig. Der Verstellung ist in Roms Mauern zu viel für solche Offenheit. Sie hält Menschen für tugendhaft, die es nicht sind. Sie glaubt alles, könnte sich zu allem verführen lassen, ohne zu wissen, es sey Unrecht, weil sie Unrecht nicht kennt. Laster kann sich dem, der Laster nicht kennt, leicht

im Mantel der Tugend hüllen — O Laurette!
Sie halten viele Menschen für ehrlich, von denen
ich weiß, sie sind's nicht. Sie halten viele für
aufrichtig, die nur mit der Politik es spielen, die
Umstände zwingen, ihre wahre Gestalt zu verbergen.

Lauretta. Ich kann's nicht über mich vermögen, den Menschen schlecht zu denken, der sich
mir noch von keiner schlechten Seite gezeigt.

Gräfin. Ich will einen Vorschlag thun. Ich
habe hier nur noch das Ende einer einzigen Geschichte abzuwarten. Zwey streiten um den Besitz
eines Guts. Wenige Tage müssen entscheiden,
wer der Glückliche ist. Ich bin gewissermaßen
Schiedsrichterin. Mein Vortheil, mein Interesse ist bey jedem der beiden das nämliche. Jeder
wendet jezt Mühe an, zu siegen. Es gelinge der
Sieg, wem er wolle, so bin ich von dem Augenblick an frey. Ich werde dann im Stande seyn,
selbst mit Ihnen zu Ihren Aeltern zu reisen.

Lauretta. O wenn Sie das wollten! Da
würden Sie den Nebel zertheilen, der Sie so ungerecht verhüllt; würden in Ihrer wahren liebens-
würdigen Gestalt sich diesem vortreflichen Kampano

zeigen, und den alten Vater von seinem Vorurtheile heilen.

Gräfin. Ja, Laurette, er soll mich sehen,
wie ich bin. Er soll den Kardinal sehen, wie er
ist. Dann wollen wir ihn mit hieher nach Rom
nehmen, er wird schon sein Vorurtheil fahren lassen. Es wird ein Freudenleben werden, wie es
noch keins gewesen, und meine Laurette wird in
Wonne schwimmen. Schreiben Sie das gleich.
Ich muß Sie auf eine Stunde verlassen.

(Küßt sie, und geht ab.)

Lauretta. O Vorstellung dieser Seligkeit!
Wirke doch mächtiger auf mein Herz! Warum
bleibt es immer noch kalt? Vater! Mutter!
nur ihr könnt es erwärmen. Tinto predigte mir
eure Ruhe: aber dein Brief, Vater, widersprach
dem. Sollte man denn wirklich in einem Para-
diese auch unglücklich seyn können? Nein, meine
Aeltern noch hier, und es ist vollkommen!

Kampano's Landgut.

Saldezzino's Schlafzimmer.

Es ist Nacht, Saldezzino liegt im Bette, und schläft. Es geschieht ein fürchterlicher Schlag. Hernach erscheinen zwey Schatten und ein verkleideter Teufel.

Saldezzino erwacht vom Schlafe.

Ha! was war das? — Ein Gepolter! ein Schlag! (Es poltert wieder vor der Thüre.) Draußen! draußen! Draußen können sie sich immer lustig machen, aber hier herein nur nicht. Nur nicht herein — Meine Herren, dieß ist ein geweihtes Zimmer, und ich bin unschuldig.

(Ein Schatten fährt aus der Erde mit einer Flamme herauf.)

Jesus! Maria! Joseph! Was ist das — was wollt ihr hier? Ich bin ja unschuldig. Ich habe keinen König gemordet. Fahr du immer wieder hinab, guter Schatten! Ich kann dir nicht helfen, wenn du etwa einen König ermordet hast, und bist hier erschlagen worden, ich kann nicht davor.

Erster Theil.   J

(Der andere Schatten fährt hervor.)

Heiliger Franz! noch einer — Wirklich ich muß
nur Muth fassen, sie stehen ja ganz still. Ich
bedaure — aber Sie sind in der That gar keine
Gesellschaft für mich. Wir stehen in keiner Parallele. Welche Könige haben Sie denn ermordet? — Sie können nicht einmal antworten.
Meine Angst vergeht. Ich bedaure die armen
Teufel —

(Bey diesen Worten fährt der verkleidete Teufel
von oben herab.)

Weh mir! Warum nannte ich den unglücklichen
Namen! — Nimm sie nur, nimm sie nur, und
mach, daß du wieder fort kömmst —

Teufel. Dich werd' ich holen, Saldezzino —

Saldezzino. (ist mit einem Sprunge aus dem Bette
an der Thüre.) O weh, verschlossen — Amorso!
Amorso, mich — mich — (Er fällt vor dem Teufel auf
die Knie.) Lieber Teufel, bester Teufel, was hab'
ich dir gethan? Womit hab' ich dich beleidiget?

Erster Schatten. Du hast einen König gemordet.

Saldezzino. Bey meiner armen Seele, es
war nichts weiter, als ein Graf.

Zweiter Schatten. Des Grafen Schicksal in

die Zukunft war glänzend. Der spanische Hof
wollte ihn nach Indien befördern. Er wäre nicht
blos Vicekönig geworden, indische Völker hätten
ihn zu ihrem Regenten erwählt. Er hätte Tausende
glücklich gemacht.

Saldezzino. O ihr lieben Herren, wie konnte
ich das wissen?

Teufel (breitet seine Krallen aus.) Soll ich ihn
anpacken, fortführen durch die Lüfte, so schneidend,
daß sein Körper sich faserweise mit brennendem
Schmerz nach und nach losreißt, und ich nur die
Seele zuletzt behalte? Oder soll ich ihn hier zer-
reißen und schwarz brennen, daß die Welt das
grause Beyspiel sehe? Das Rad ist Seligkeit gegen meine Martern —

Saldezzino. O weh, so laßt mich lieber rä-
dern.

Teufel. Glühende Zangen sind nichts gegen
diese meine Arme, wenn ich dich hineinfasse.

Saldezzino. So überlaßt mich doch der lieben Gerechtigkeit, daß sie mich zwicke.

Teufel. Die Inquisition verfährt gnädig mit
ihren Schlachtopfern, ich nicht.

Saldezzino. Ja, der Inquisition gebt mich,
da kann ich mich doch vielleicht noch loslügen. Aber,

Herzensteufel, es muß ja doch Leute geben, die du lieb hast. Habe mich doch lieb. Ich will ja alles für dich thun. Ich will wuchern, daß den Leuten die Haut weh thun soll, ich will stehlen, daß noch nie ein Dieb mir gleich gewesen seyn soll. Ich will morden, daß man soll Zeter über mich schreyen. Mach mich zu einem deiner Aufwärter hier auf Erden, wie du schon welche gehabt hast. Laß dann mich die Gerechtigkeit für meine Thaten belohnen, und in jenem Leben mich einen Teufel werden, wie du es bist. Ich will alles peinigen, wie du mich peinigst.

Teufel. Bube! du bist für einen Teufel zu schlecht. Die Hölle dankt für deines gleichen.

Saldezzino. O weh!—Was soll denn aus mir werden?

Erster Schatten. Ein Mittel ist noch da, dich zu retten. Aber auch nur das einzige. Du besitzest Kampano's Gut mit Unrecht. — Gesteh ihm alles, jede Büberey, die vorgegangen ist.

Teufel. O daß ihr ihm das Mittel entdeckt, sich zu bessern! Ich dachte schon einen Braten zu haben, den ich einmal nach Herzenslust quälen könnte. Ich hätte ihn langsam brennen lassen, und ihn dann wieder erquickt, damit er die Mar-

ter von neuem gefühlt hätte.   Ich hätte ihn an
einen Spieß gesteckt, und täglich hundertmal in
einem Athem herumdrehen laſſen.   Ich hätte jedes ſeiner Haare zum ſtechenden Scorpion gemacht, und auf jeden Stich hätte er ſich ſelbſt hei-
lende Salbe mit dem Bewußtſeyn ſtreichen müſſen,
daß der Schmerz ſchnell wiederkehre. Seine Zunge
hätte nicht aufhören ſollen zu lechzen, ſein Gaumen
für Dürre zu platzen. Gift hätte ſollen ſeine Speiſe
ſeyn, und Gegengift ſein Trank.

Saldezzino. Schweig mit deinen Plagen.
Laßt ihn kommen, dem ich alles entdecken ſoll, oder
wollt Ihr es wiſſen? Nur ſchnell, daß ich den
gräßlichen, o den lieben Teufel los werde, der es ſo
gut mit mir meynt.

Zweiter Schatten. Kriech in dein Bette.
Rühr dich nicht. Erwarte die Ankunft Kampano's
und Amorſo's. Dann geſteh alles — Wo nicht
— ſo erſcheinen wir wieder.

(Alles verſchwindet mit Blitz, Rauch und Donner.)

Saldezzino. Sie ſind fort — wirklich fort.
Nun, Tinto, mach was du willſt aus mir, ich ge-
ſtehe alles.

Amorſo und Kampano (treten ein.)

Amorſo. Das war ſchrecklich, gnäd'ger Herr — Den Herrn Kampano da haben ſie auf einem feurigen Wagen hergeführt. Hätten Sie mir erſt gebeichtet, ſo hätten Sie das Unglück nicht gehabt.

Saldezzino. Ja, Amorſo, ich wollt', ich hätt' es gethan, aber ich war — ach, Kampano, Vergebung!

Kampano. Vergeben kann ich leicht, wenn Sie mir meine Seligkeit wiedergeben. Sagen Sie mir, warum Sie mich ſo ſchändlich um mein Gut brachten?

Saldezzino. Ich that's nicht. Tinto war's. Ich habe nur meinen Namen hergegeben.

Kampano. Wer? Tinto! Nennen Sie den Namen noch einmal. Höre ich auch recht? Tinto?

Saldezzino. Ja, Tinto — Ihm gehört's — Er iſt mein Bruder —

Kampano. Tinto Ihr Bruder! O ihr Strafen der Ewigkeit, ſeyd ihr denn ſchon auf dieſe Erde gekommen? Kann es ſolche Ungeheuer geben? Aber was zaudre ich hier? Habe ich etwa

schon alles wieder, was ich verloren hatte? Ich
darf ja nicht zweifeln, daß, wer dieses feine Bubenstück anlegen konnte, ein weit ärgeres zu bereiten
im Stande war. — Laurette! wie der Name hier
in meiner Stirn brennt! Wie es bis zur Seele
dringt, daß ich diesen Schatz verschleuderte! —
Ja — er weiß vielleicht auch etwas — Bruder
eines ausgearteten Ungeheuers, weißt du, was
man mit dem Mädchen vorhat?

Saldezzino. Ich weiß nichts davon.

Amorso. Rede', oder gleich wird der Teufel
wieder erscheinen, und vollführen, was er nur dro-
hete.

Saldezzino. O weh! Ich will gern sagen,
was ich glaube. Der Kardinal — Tinto war immer sein Geschäftsträger in der Liebe. Von jeher
führte er ihm die Schlachtopfer zu.

Kampano. Da liegt es ja ganz offen da, das
Räthsel, was ich Dummkopf zu entwickeln nicht
im Stande war. Ha! sie schauete schon tiefer
hinein, und ihr glaubte ich nicht. Ich will nach
Rom, ich will das Complott zerstören, ich will den
heiligen Bösewicht entlarven, daß er bloß daste-
hen, und sich seiner Blöße schämen soll. Standhaftigkeit von oben her, verlaß mich nicht! Steh

du mir bey, ſtoiſche Kaltblütigkeit! damit ich ihnen dreiſt unter die Augen trete, daß ſie durch
meine Rechtſchaffenheit verblinden, und keinen
Ausweg ſehen, aus dem Netze ſich zu wickeln, das
ich um ſie ſchlingen will. Guter Amorſo, laß
ſchnell bereiten alles zur Reiſe nach Rom. Wir
wollen ein Feſt halten, wie noch niemand es vor
uns gehalten. Wir wollen das Heiligthum gegen
das Heiligthum aufwiegeln, wir wollen den Schwel-
gern das Gelübde der Keuſchheit ſo auslegen, daß
ihnen die Ohren weh thun. Der Stuhl Petri ſoll
von den Schandthaten derer erzittern, die auf ihm
ſitzen ſollen, der heilige Vater ſoll ſeines gleichen
in den Bann thun. Zum erſtenmale ſoll ein Kardinal die Unſchuld nicht ungeſtraft verführt haben,
denn ich will zum Mörder an dem Schänder des
Purpurs werden. Ich will ſelbſt mein Mädchen
an ihm rächen, ich will ſelbſt dieſe tugendhafte
Gräfin brandmarken, und ſtehe ich dann auf dem
Schavot, ſo will ich's Rom zuſchreyen, daß ich
der heuchelnden Heiligkeit den Schleyer aufgedeckt,
und daß jeder rechtſchaffne Vater mir nachfolgen
ſoll — Geh, Amorſo, mach, daß wir ſchnell rei-
ſen können.

Amorſo. Herr! Ihr ſeyd zu hitzig. Laßt

mit Euch reden. Recht spornt Eure Einbildungskraft. Es ist ein altes, aber wahres Sprichwort:
Keine Krähe hackt der andern das Auge aus. Ver-
laßt Euch drauf: Kein bepurpurter reißt dem andern seinen Purpur ab. Das Heiligthum Roms
ist für Euch ein unzugängliches Ding. Ihr geht
aufrecht, und dahin kann man nur kriechen. Wer
das nicht thut, den treffen die Schwerter, die auf
alle gerichtet sind, die ihten Rücken nicht krümmen
können. Das Gelübde der Keuschheit predigt man
nicht, wo Zechinen sich häufen. Der Bettelbru-
der hält's nicht, wie sollte es der Kardinal halten?
Der heilige Vater, der über Schwachheiten erha-
ben ist, weiß sehr wohl, daß seines gleichen Menschen sind, und wenn er den Bösewicht als Bösewicht erkennt, wird er den Kardinal als Bösewicht
der Welt zeigen? Am Beyspiel liegt alles, und
der religiösen Politik keinen Stoß zu geben,
opferte man wohl zehen Kampano's auf. Der
Dolchstich am Kardinal würde auch nichts helfen,
und euer Brandmarken rührt keine Gräfin Roms.
Auch das Schavot würde man Euch verweigern.
Solche Stimmen macht man im Stillen stumm.

Kampano. Du bist aus dem Blinden der
Sehende geworden, und ich an deiner Statt blind.

J 5

Konnte ich denn nicht begreifen, und war ich wirklich willens, eine solche Thorheit zu begehen? Und
rechnete ich gar nichts auf Lauretten? Es ist wahr,
ihre Unschuld ist zu hintergehen. Aber so schnell?
Wart, Amorso, wir wollen List gegen List stellen.
Erlaubte List gegen unerlaubte stehen wie Wahrheit und Lügen. Ist sie nur einmal wieder hier,
so lache ich des gierigen Kardinals, der verschmitzten Gräfin, und des höllischen Paters. Schick'
zu Gabrielen, laß sie herkommen, laß ihr sagen,
alles sey entdeckt. Ich will Lauren schreiben, ich
sey krank, und wenig Hoffnung zum Leben mir
übrig. Das Mittel wirkt gewiß. Man glaubt
dann, sie werde desto eher wiederkommen, denn
eingenommen hat sie die sündige Brut ganz für
sich. Ha! wie will ich dann lachen und frohlocken,
daß sie da ist. Sie mögen wüthend werden, sie
mögen meinetwegen mit ihren Zähnen mich anfal-
len, und sollt' ich einen Theil meines Fleisches ihrem Bisse zurücklassen, so will ich doch mit meinem
Mädchen ihnen entfliehen, will sie in meinen Armen davon tragen, und lieber in einer Wüste bey
Wasser und Brod ihre Unschuld erhalten, als daß
sie Mittel werden sollte, die Religion zu schänden,
und den Lüsten eines Pfaffen zu dienen, für den
mein Hund mir zu theuer ist.

Amorso. In diesen Plan stimme ich ein. — Und was soll ich mit diesem Marterholze der Bosheit anfangen?

Kampano. Sperr' den armen Schächer indessen ein. Er war nur Werkzeug der Unmenschlichkeit. Füttere ihn zeitlebens, damit er nicht bey mehreren Bubenstücken mitzuspielen braucht. Der Rache ist er unwerth, und für die Gerechtigkeit zu unschuldig.

(Alle ab.)

Rom.

Palaſt der Gräfin Medina.

Gräfin. Herzog.

Gräfin.

Er hat unſer Geheimniß ſchon errathen. Ihre Blicke auf Lauretten, Herzog, müſſen zu feurig geweſen ſeyn. Aber der Kardinal ſcheint ſie nicht zu fürchten. Er glaubt, an ihn als Nebenbuhler wagten Sie ſich nicht.

Herzog. Oeffentlich werd' ich mir auch in der That nichts mit ihm zu ſchaffen machen, aber heimlich, Gräfin, halt' ich dafür, meine Scudi können immer noch ſo viel wirken, als ſeine Geſtalt. Es wäre nur Vergeltungsrecht, wenn ich ihm dieſe abnähme — Vergeltungsrecht für Mariottinen. Ich will nicht ehrlich ſeyn, wenn das Mädchen mich nicht ſchon tauſende koſtete, ehe ich nur einen Kuß erhalten hatte, und das erſtemal, wie ich ihn bey ihr überraſchte, fand ich ſie in einer ſo ſorglos wollüſtigen Stellung, daß ich beynahe gezwungen

worden wäre, die Augen niederzuschlagen. Der
Kardinal — nichts weniger als das. Er lachte;
ich nahm meine Partie so gut ich konnte, wünschte
ihm Glück, der begünstigtere Theil zu seyn, wir
soupirten zusammen, und ich war gefällig genug,
nicht einmal meine aufgewendeten Tausende wieder zu begehren. Ich hoffe, der Kardinal würde
diese Gefälligkeit erwiedern, wenn ich glücklich genug seyn sollte, zu siegen. —

Gräfin. Ob das möglich seyn könnte, wollen
wir dahin gestellt seyn lassen. Hier ist aber davon
nicht die Rede. Laurette kann nicht erobert, sie
muß überrumpelt werden. List muß den Weg bah-
nen, Temperament die Wirkung hervorbringen.
Ein Mittel der ersten Gattung hab' ich dem Kardinal angegeben. Also kann ich's Ihnen nicht mittheilen. So viel aber kann ich Ihnen sagen:
Es ist für Sie, wenn Sie aufmerksam sind, so
gut wie für den Kardinal anwendbar.

Herzog. Und Ihre reiche Erfindungskraft
sollte nicht noch eines andern Meister seyn? Die
Gräfin Medina ist ja dafür bekannt, daß sie durch-
zusetzen weiß, was sie will. Und sollte ich nicht
einer besondern Gefälligkeit von ihr werth seyn?

Gräfin. Allerdings, Herzog, sind Sie das.

Ich gestehe gern, daß Sie einst Ihr ganzes Feuer
mir zollten, daß ich keinen eifrigern Anbeter hatte,
keinen vermögendern Liebhaber. Aber das könnte
sich heben. Ich bezahlte Hitze mit Glut, Wollust
mit muthwilligem Ueberfluß. Medina wußte
nicht, welchen Vorgänger er gehabt hatte. Ob
ich nicht auch bey Ihnen sehr im Vorsprunge stand,
als ich sagte, den Liebhaber wollte ich nicht Gatten
nennen, weiß ich nicht. Seitdem aber hat sich
das Blatt gewendet. Sie haben meinen Bedürfnissen so oft abgeholfen, daß ich Ihnen gewissermaßen mich, wenigstens meinen ganzen Verstand
schuldig bin, sobald er Ihnen dienen kann.

Herzog. Liebe Gräfin, Sie sind stark in
Schmeicheleyen. Weniger Worte, und mehr Rea-
lität, dächte ich, sollte im jetzigen Falle wirksamer
seyn.

Gräfin. Sie sind ungestüm; aber wenn Leidenschaft das bey euch Männern wirkt, so müssen
wir nachgeben. Wohlan! Ich habe für Sie etwas ersonnen. Aber einige Tage lassen Sie mir
Zeit. Ich besitze ein Geheimniß, eines Zimmers
Duft so wollüstig zu machen, daß man schwerlich
widerstehen kann. Für eine Unerfahrne ist das
freylich nicht genug. Allein ich werde in Lauret-

tens Blut bey der Abendmahlzeit so viel Feuer zu legen wissen, daß ihre Seele sich nicht bewußt bleibt. Sie erhalten eine geheime Thüre, gehen in ihr Cabinet, bedienen sich der betäubten Stunde. Ich gebe Ihnen ein Pulver, das Sie kurz vor Ihrem Abschiede ins Bette streuen. Sie wird schnell einschlafen, Sie entfernen sich, und wenn sie erwacht, muß alles Traum gewesen seyn.

Herzog. Ueberreden können Sie schön, wenn der Erfolg immer so entspricht.

Gräfin. Zweifeln Sie? Fragen Sie, was in Rom nicht möglich wäre? Wo man des Menschen Leben auf Sekunden auszählen kann, wo man die Kunst versteht, Männern Mannskraft zu nehmen, ohne sie zu berühren, da soll man Weiber nicht so weit bringen können, daß sie nicht wissen, was sie thun? Und die Gräfin Medina wüßte nicht alles, was unser erfindungsreiches Jahrhundert hierin ausheckt? Herzog, Sie sind ein schlechter Weiberkenner.

Genug davon. Uebermorgen ist Redoute, eine merkwürdige Redoute vielleicht. Mehr kann ich Ihnen nicht sagen. (ab.)

Rom.

Palaſt der Gräfin Medina.

Ballſaal.

Viele Masken. Muſik. Tanz. Zwey Masken treten vor.

Maske.

Entzückende Göttin! Nein, nie können ſchon
ſo viel Reize, ſo viel Verſtand, ſo viel Güte in
Einer Perſon vereinigt geweſen ſeyn. Nie, Laurette —

Lauretta. Halt, mein Herr. Wer ſagte
Ihnen meinen Namen?

Maske. Hörte man den nicht in Rom, ſeit-
dem Sie hier ſind, allenthalben wiedertönen, oder
iſt Laurette denn nicht der Wundername, den jeder ausſpricht, wenn er einen Inbegriff von Seligkeit nennen will? Bezaubern Sie nicht alles,
was Sie ſieht? und könnte es einen Menſchen in
Rom geben, der wüßte, was Schönheit ſey, und
nicht Sie zum Ideal derſelben annähme?

Lauretta. Bey so vergiftenden Schmeicheleyen sollte ich Sie billig verlassen. Doch ich will
einmal glauben, Sie wollen versuchen, wie schwach
ich bin. Das beyseite gesetzt, es muß jemand hier
mich Ihnen verrathen haben, denn meine Verklei-
dung —

Maske. Zu schwacher Schutz für Ihre Ver-
dienste, für das Ausgezeichnete, was Sie allenthalben begleitet. Verhüllen Sie sich, wie Sie
wollen, und man wird Sie kennen. Eine Wen-
dung verräth in dem Anstande, den Sie ihr geben, Lauretten. Und verhüllen Sie etwa auch
diese sprechenden Augen? Ja, Laurette, billig
sollten Sie sie verhüllen, denn die Verwüstungen,
die Sie damit anrichten, sind grausam.

Lauretta. Wie soll ich diese Veränderung
auslegen, mein Herr? Erst sprachen Sie so bescheiden, sprachen über Gegenstände, die einen
Mann von Kopf und dem besten Herzen verrie-
then.

Maske. Ist denn das unbescheiden gesprochen,
wenn man das, was man so tief fühlt, sagt?
Verräth es Mangel an Kopf, die Schönheit schön
zu finden, Mangel an gutem Herzen, zu gestehen,
man fühle sich verwundet? Oder, himmlisches

Erster Theil.   K

Mädchen, glauben Sie, man sey ganz ohne Gefühl, wenn man eine Stunde mit Ihnen verplau-
dert hat, wenn man, nachdem man vorher schon
Augenzeuge nie zu vermehrender Reize war, nun
auch hört, daß nicht, parischem Marmor gleich, die
schönste Huldgöttin Stein und kalt ist, daß sie Gefühl für alles Schöne und Edle hat, daß sie Beur-
theilungskraft mit reifem Verstande verbindet?
Alles, Laurette, hab' ich an Ihnen bewundert,
aber diese Strenge — doch ja — ich kann sie
mir erklären. Es giebt geheime Sympathien —
nichts ist gewisser. Sie bringen Menschen zusammen, und trennen Menschen. Diese mangelt,
um uns zu vereinigen. Leben Sie wohl, Laurette,
ich bin der unglücklichste unter allen Männern! —
(Verschwindet unter die andern Masken.)

Lauretta. Wahr oder nicht wahr? Phanta-
sie oder Gewißheit — genug, es hat mein In-
nerstes erschüttert. Das war nicht Sprache der
Verstellung, nicht Sprache der Schmeicheley. Das
kam vom Herzen, und könnte wohl zum Herzen
gegangen seyn, wenn — Ja, es muß Sympathien geben. Du hast Recht, Mann mit dem be-
redten Herzen — auch ich fühlte schon so etwas
davon — Und wenn nun diese Sympathie nicht

du wärst? Kennen muß ich ihn. Fort, in ein
Nebenzimmer, vielleicht geht er mir noch einmal
nach.

(ab.)

Gräfin Medina. Eine andre Maske.

Maske. War das der Kardinal?

Gräfin. Auf Ehre, Herzog, ich weiß es nicht.
Schon dreymal hat er den Anzug verändert. Er
muß muthmaßen, ich könnte zur Verrätherin an
ihm werden. Aber bin ich nicht ein schwaches,
elendes Geschöpf! Ich liebe Sie, und trage selbst
dazu bey, eine andre Ihnen zuzuführen.

Maske. Alltäglichkeiten, Gräfin, müssen Sie
mir wenigstens nicht sagen. Sie wissen, wie weit
wir gekommen sind, wissen, daß wir von beiden
Seiten nicht geschaffen, nicht erzogen, nicht in dem
Stande sind, daß ewiges Einerley uns behagen
könnte. Sie wissen den Preis, den ich auf Ihren Beystand gesetzt habe. Hunderttausend Scudi,
wenn ich dem Kardinal zuvorkommen kann.

Gräfin. Noch einmal, Herzog, davor kann
ich nicht stehen. Aber wär' es denn das erstemal,
daß ein Herzog einem Kardinal nachfolgte? Und
glauben Sie, daß nicht vielleicht die zweite Zu-

K 2

sammenkunst der Freuden mehr gewähren könnte, als die erste? und daß der Preis dafür nicht der nämliche zu seyn verdiente? Und daß es mindere Mühe kosten würde, diesen zweiten Schritt zuwege zu bringen, da der erste durch Liebe und Ueberraschung entschuldigt wird, und diesen nichts entschuldigen kann?

Maske. Wenden Sie alle Ihre Beredsamkeit an, Gräfin, und Sie werden mich nie überzeugen. Sie kennen die Delikatesse der Wollüstlinge Roms. Mädchen sind allen übrigen Waaren gerade entgegen gesetzt. Diese steigen, in je mehr Hände sie kommen. Jene fallen im Werth. Es geht ihnen wie einmal getragenen Kleidern. Mit 33 Procent kauft man sie. Und des Kardinals Mätresse ist in der That mit 33,000 Scudi noch zu theuer bezahlt.

Gräfin. Also geb' ich die Unternehmung auf, sobald ich überzeugt bin, Sie können nicht der Erste seyn.

Maske. Ich will die Summe auf 50,000 vermehren, weil es Laurette ist. Warlich, Gräfin, ich sah noch nie so viel Einnehmendes.

Gräfin. Kann ich indessen auf einen Theil der Summe auf Sie ziehen?

Maske. Nicht auf einen Scudi. In dem Punkte bin ich eigensinnig. Ich gebe nie voraus. Aber wo sind beide hin?

Gräfin. Sie haben sich unter die Masken verloren. Sie thun immer wohl, wenn Sie sie ein wenig beobachten; verhindern können Sie wenigstens dadurch die Möglichkeit, daß sie heute einig werden, obgleich keine Wahrscheinlichkeit dazu da ist.

Maske. Ich will mit Luchsaugen sehen, und, Gräfin, über die Verbesserung Ihrer Finanzen geb' ich Ihnen noch das Versprechen, ich kehre nach Laurettens Besitz mit allem Feuer ehemaliger Leidenschaft wieder zu Ihnen zurück.

(entfernt sich.)

Gräfin. An deiner abgestumpften Leidenschaft, guter Herzog, wäre mir nun sehr wenig gelegen. Desto mehr, wenn ich einen Schlüssel zu deinem Geldkasten erhalten könnte. All mein Reichthum ist immer nicht zureichend, meine Wünsche zu befriedigen. Wüßte ich, daß es mit Lauretten lange dauern könnte, ich würde rasend. Jede Eroberung zieht sie in ihr Gebiet, in das Gebiet einfältiger ländlicher Grundsätze, und einer fast bäurischen Schönheit. Ha! wie will ich auf dich her-

K 3

abſehen, wenn du erſt Eines oder des Andern Opfer
biſt! Für mich in jedem Fall gleich wichtig. — Und
es müßte ſchlimm ſeyn, wenn nicht jeder von ih=
nen zu betrügen wäre. Sey alſo der Betrogne,
wer will, wenn er es nur nicht merkt. Hab' ich)
keine andre Rache an deinen Vorzügen vor mir,
ſo iſt es die, daß du mir zur Goldgrube dienen
ſollſt.

- - - - - -

Nebenzimmer des Ballſaals.

- - - - - -

Lauretta, die Maske vom Geſicht. Hernach
die erſte Maske.

Lauretta.

Wie das klopft! Wie das ſich ängſtigt! Derglei=
chen Unruhen hatte ich in Piſa nie. Und doch
ſind ſie bey allem Schmerzhaften ſüß. Seitdem
ich hier in Rom bin, iſt ein Gefühl in mir aufge=
ſtiegen, das von ſo weitem Umfange iſt, daß ich's
nicht zuſammen zu faſſen vermag, und wenn ich's
nach aller Möglichkeit drängte. O wie gern möcht'

ich wiſſen, was es eigentlich iſt! — Er kömmt
noch nicht! — Warum ängſtigt mich denn das?
— Er war es gewiß nicht. Nein! er hätte das
nicht ſagen können. Aber warum macht dieſer
Schein der Unmöglichkeit mich traurig? — Es
kömmt jemand. — Es iſt meine Maske. Ob ich
mich wieder verberge? — verſtelle? — Nein,
Laurette, laß dein offnes Herz nicht Wohnplatz
auch nur der kleinſten Betrügerey werden.

Maske. (tritt ein.) Unglücklich oder glücklich genug, Laurette, Ihnen noch einmal und ſo zu begegnen, daß ich zu gleicher Zeit in Ihrem Blick, in
den unverhüllten Reizen mein ganzes Glück oder
Unglück ſehen kann. Ich kann Ihnen nichts
verhehlen. Ich wünſchte, Sie hätten auch vor
mir nichts zu verhehlen. — Und kurz, ich will
Ihnen alles ſagen, mein Herz iſt geneigt zu glauben, daß dieſe Ihre Entfernung vielleicht zum
Grunde hatte, daß Sie mich näher kennen lernen
wollten.

Lauretta. Und wenn ich in allem nicht mit
Ihnen ſympathiſiren ſollte, ſo wäre es doch in
der Aufrichtigkeit des Herzens. Dieſer gemäß
läugne ich nicht, ich ging in der Hoffnung hieher,
Sie würden mir folgen. Für ein theilnehmendes

menſchliches Herz haben Sie wirklich zu viel ge=
ſagt, als daß dieſes es ruhig hätte anhören können.
Ihrentwegen wäre ich alſo unruhig geblieben, wenn
ich dieſer Laſt mich jezt nicht hätte entledigen kön=
nen. Wenigſtens hoffe ich das. Sympathie, ſa=
gen Sie, findet unter den Menſchen Statt, und
das habe auch ich erfahren. Es giebt nur einen
Mann, gegen den mein Herz Sympathie fühlen
könnte, wenn ſchon er nicht mein werden kann.
Das närriſche Mädchen, ſehen Sie, glaubt, Sie
könnten der Mann ſeyn. Wenn Sie der nicht
ſind, wenn Sie irgend mögliche Ausſichten hätten,
das, was Sie mir geſagt, im Ernſt gegen mich
wahr zu machen, wenn der Erklärung Ihrer Liebe
und Ihres Unglücks, der erſtern Dauer, dem letz=
tern Hülfe zu verſprechen ſind, ſo bleiben Sie un=
ter Ihrer Maske, ſprechen Sie mich nie wieder;
mein Herz kann keiner Hoffnung entſprechen, weil
es für den nicht reden darf, der deſſen Wohlthäter
iſt, und allein in ihm herrſcht.

Kardinal. (reißt die Maske ab.) Himmliſche
Laurette. Wiederholen Sie mir das ſo, und ich
bin der ſeligſte aller Männer!

Lauretta. (erſchrocken.) Ich erwartete Sie, ich
hoffte Sie, und ich zittre. Was iſt's denn, das

mich ängstlich für den macht, den ich Vater nach seinen Wohlthaten, Bruder nach seinem Herzen nennen kann —

Kardinal. (seufzend.) Ich Sie mehr, Lauretta —

Lauretta. In der That, das sagten Ihre Worte. Sie nannten sich glücklich und unglücklich. — Welches von beiden sind Sie nun? Das erste hoff' ich, wäre das lezte, und ich wäre schuld daran, dann wollt' ich lieber, ich hätte Rom nie gesehen.

Kardinal. Lauretta! das ist nicht die Sprache des Herzens, die Sie führten, da ich verhüllt vor Ihnen stand. Lassen Sie mich die Maske wieder vornehmen, die Ihnen lieber war, als ich, die Sie nicht ängstlich machte; da war ich nicht so kalt aufgenommen.

Lauretta. Sie verwirren mich, edler Mann. — Ich gestehe es, der Kardinal bindet die Zunge, die vom Herzen sprechen möchte. Wollen Sie alles wissen? Die Macht, mit welcher Sie auf mich wirken, ist unbegreiflich. Wenn es Liebe ist, was ich für Sie in mir fühle, und dieser Purpur hielte Sie nicht in Schranken, so würde ich sagen: Ich werde nie für einen andern leben kön-

nen. So etwas wenigſtens iſt es, was in mir
liegt.

Kardinal. O des unſeligen Purpurs, Mädchen, der dich verhindert, mir das nicht ſo warm
zu ſagen, wie es mein Glück auf ewig gründen
würde! Aber rein heraus, Laurette, glauben Sie,
daß wir, weil wir Engel ſeyn ſollten, nicht Menſchen bleiben? 'Glauben Sie', daß wir den An-
ſprüchen auf Seelenfreuden entſagen, weil wir ein
widermenſchliches Gelübde ablegen müſſen? Glauben Sie, daß wir das ganze andre Geſchlecht fliehen müſſen? Nein, Laurette, Seelenliebe, reine
Liebe, beſteht mit unſerm Stande, mit unſern
Pflichten. Doch was rede ich Ihnen da für kalte
Gemeinſprüche. Laſſen Sie mich lieber Ihnen
ſagen, daß Sie mein Himmel ſind, daß einmal
mein Herz ſo verwundet iſt, daß nur Sie es zu
heilen vermögen — daß, wenn Sie nicht helfen,
nicht dieſe mir ſchon gethane Erklärung nie einem
Menſchen wiederthun —

Lauretta. Das will ich, Kardinal. Verſprechen will ich Ihnen, nie einen Andern zu lieben. Schwören will ich Ihnen, daß meine Leidenſchaft für Sie ewig in meinem Herzen bleiben
ſoll. Wären Sie nicht, der Sie ſind, ich wollte

mich Ihnen in die Arme werfen, und ein unauflösliches Band sollte mich ewig an Sie ketten. So,
da das nicht seyn kann, will ich nur an Sie denken, und um jeder Versuchung zu entgehen, soll
ein Kloster mich einschließen.   Dort soll Ihr Bild
unaufhörlich vor mir stehen, unaufhörlich mich be-
schäftigen.   Dort will ich Ihnen meine ganze Liebe
bewahren, bis einst dieses Band Sie nicht mehr
bindet, und wir dann, wo gewiß ein beßres Leben
ist, uns frey lieben dürfen.

Kardinal. Nein, liebenswürdige Schwärmerin, so weit soll Ihr Opfer nicht gehen. Sie sollen
der Welt und ihren Freuden um meinetwillen nicht
entsagen.   Sie können leben in Rom, mich sehen,
mich lieben.   Rein und heilig kann unser Umgang
seyn. Im Hause meiner Schwester darf niemand es
wagen, auch nur den Schleyer eines Verdachts auf
Sie zu werfen. Ihre Aeltern sollen Zeugen unsrer
untadelhaften Neigung seyn. Sogar, Laurette, (das
Opfer wird freylich hart seyn,) sogar werde ich Ihnen zugeben, einen Gatten zu wählen, aber geben Sie ihm mit Ihrer Hand nie Ihr Herz. Ich
fühle es, daß diese Bitte von mir wider meine
Pflicht geht; aber ich will ja nicht fehlerfrey seyn.
Ganz unglücklich kann ich nicht seyn, und sollte

ich mir auch nur ein scheinbares Glück durch meine Schwachheiten erkaufen.

Lauretta. Ich einem Gatten meine Hand geben, da Sie mein Herz haben? So kennen Sie mich nicht, Kardinal. So fest ich an Tugend hange, so fest hange ich auch an Gefühl. Das, was für Sie in mir war und ist, kann nun nichts mehr ausrotten. Ihre Erklärung hat die letzte Schleife zusammen gezogen, und den Knoten kann nur Gewalt lösen. Meine Tugend, Kardinal, ist von Ihrer Seite sicher, mein Herz ist es von der meinigen —

Kardinal. Versiegeln Sie, himmlisches Mädchen, diesen Ausspruch mit einem Kusse des Friedens und der Reinigkeit. Er war von jeher Siegel der Tugend. Patriarchen und Heilige nahmen ihn dafür. Er nimmt Ihnen nichts von Ihrem Werthe, mir nichts von meinen Gesinnungen.

Lauretta. Kardinal! was verlangen Sie — und doch Sie werden meine Schwäche nicht mißbrauchen — (Er küßt sie.) Ha, Kardinal! der Kuß brannte wie Feuer, und schon wüthet mein Blut in mir — Lassen Sie mich, daß ich Kühlung suche für diese Flamme! (Sie gehen beide ab.)

Morgendämmerung.

Andres Nebenzimmer des Ballsaals.

Der Herzog, (im Sessel schlafend.) Die Gräfin.
Zwey Bediente.

Gräfin.

Allenthalben habt Ihr sie gesucht, und nirgends
gefunden? Ist sie etwa im Garten? Die Schwärmerin ist mir schon oft so entwischt.

Ein Bedienter. Auch im Garten nicht. Ich
war dort.

Der andre Bediente. Man will sie mit dem
Kardinal im Garten haben spazieren sehen.

Gräfin. Narre von Kerl! Wer will das gesehen haben? Wer kann das gesehen haben?
Nicht noch einmal solche Augentäuschungen, sonst
seyd Ihr meines Dienstes quit. Alles sehen
wollen, wißt Ihr, paßt nicht für Euch. Fort —
(Die Bedienten ab.)

Gräfin. (die den Herzog erblickt.) Was ist das?
Unglücklicher Schläfer! Du hier? Nun deine

Liebe kann so rasend nicht seyn, wenn du schlafen kannst, während daß dein Nebenbuhler dir dein Mädchen entführt. Herzog! erwachen Sie!

Herzog. Was ist's? Was giebt's? Wo bin ich?

Gräfin. Bey Lauretten gewiß nicht. Sie sollen Wächter seyn, und verschlafen die Hauptscene —

Herzog. Wie! was! Ist's schon Tag? Ist der Ball zu Ende?

Gräfin. Für Sie fürchterlich zu Ende, für Sie eine verlorne Unschuld. Der Kardinal hat Lauretten entführt.

Herzog. Hölle und Tod! Das kann nicht wahr seyn. So eben tranken sie Limonade.

Gräfin. Die Furien bereitet hatten. Vor drey Stunden, Herzog, sahen Sie das. In der Limonade lag Wollustfeuer, das Sie so gut wie der Kardinal hätten nutzen können. Sich haben Sie ein Fest, mir eine Fürstin verschlafen.

Herzog. O an diesem Kardinal werd' ich mich rächen, gewiß rächen —

Gräfin. Rächen Sie sich an dem Gott des Schlummers. Phlegmatischer Mann! Die zweite Nacht genommen.

Herzog. Wenn Sie das machen, sind die hunderttausend noch zu Diensten. — Ich gehe zum
Kardinal!

(ab.)

Gräfin. Also gewiß vorbey — Schlaf wohl,
Laurette — Jezt wird sie noch in Wolluft schwimmen, dann ruhen; aber ihr Erwachen wird seyn,
wie der Anblick des Satans, als er zum erstenmal
nach seinem Fall in die Zukunft blickte, und Höllen-
ewigkeit übersah. Schlaf wohl, Laurette!

Rom.

Palast der Markise.

Markise. Eduard (tritt ein.)

Markise; (die auf einem Ruhebette gelegen, springt mit verweintem Gesicht auf, und fällt Eduard um den Hals.)

Sind Sie es wirklich, Eduard? O wie hab' ich für Sie gezittert! Hier in Rom, wo die Sicherheit eines schönen Mannes in den Händen von tausend Buhlerinnen von Stande liegt, muß man weinen, wenn der Abgott seiner Seele auch nur Minuten zaudert. Und Stunden, Eduard, vier lange Stunden —

Eduard. In denen Nation und Menschheit mich aufriefen, ihnen beyzustehen, konnte ich ihnen nicht versagen. Das Geständniß meiner Schwäche mag für mich reden. Es that mir in der That leid, Markise, daß ich sie Ihnen entziehen mußte.

Markise. Für deinen Stolz, Eduard, viel

gesagt, für meine Liebe sehr wenig.   Weißt du,
daß vier Stunden, die ich mit dir zuzubringen
träumte, mir entrissen, so viel Ewigkeiten für einen Geist sind, der seine Leiden ins Unendliche ver-
größert, seine Freuden ins Unendliche vervielfacht?
Weißt du, daß Vergangenheit und Zukunft der
Liebe gleichgültig sind, daß sie ihr gar nichts angehen, daß der gegenwärtige Augenblick ihre Vergangenheit und ihre Zukunft ist, daß sie sich an ihn
kettet, ihn festhält, von ihm für Zwischenräu-
me sich nährt, in denen ich, Eduard, so gut als
todt bin.   Weg deswegen mit dem Vergangnen.
Der Augenblick ist da.   Ich habe dich, ich halte
dich.   Ich will ihn ganz genießen.   Hier hast du
deine Schwärmerin, mach aus ihr, was du willst.
Ich widerlege die Unmöglichkeit.   Ewigkeiten sind
vergänglich.   Ewigkeiten dauern ewig.   Mir soll
das der jetzige Augenblick.

    Eduard. Und ich sollte nicht mit Fülle der
Wonne wissen, was mir ein solcher Augenblick ist?
Sie, Markise, wußten in ein Leben, das noch
keinen Zweck kannte, einen zu legen.   Ja, er ist
die Liebe.   Seitdem ich Sie liebe, fühle ich, daß
ich lebe, und wofür ich lebe.   Für ein Gefühl, das
vielleicht tausend und aber tausend Menschen nicht

    Erster Theil.   L

kennen. Aber leben diese auch? Nein, der lebt
nur halb, der nicht liebt; die lebt nur halb, die
nicht liebt. Nur dann, wenn zwey gleichdenkende
Wesen ein Leben ausmachen, dann ist Leben in seiner Vollkommenheit da. Wissen Sie wohl unser
entscheidendes Gespräch? Damals, als wir auf
ewig uns vereinten, sagten Sie, nichts könne
sich zwischen uns stellen. Wo das ist, da ist Leben.

Markise. Ob ich das Gespräch weiß? Was
in der Welt weiß ich wohl noch, als was dich an-
geht, und welches kleinste gewesene von der Art
könnte mir fehlen, da ich aus der Vergangenheit
Gegenwart mache, und du meine Gegenwart bist?
Du hast mich in dich übergetragen; wo du nicht
bist, da bin ich nicht.

Eduard. Schmeichlerin! Wie kann man dir
das vergelten?

Markise. Ein Blick, ein Kuß, eine Umar-
mung belohnt mich tausendfach.

(Sie blickt ihn schmachtend an; er küßt sie, um-
schlingt sie, und geht mit ihr ab.)

Antonette. Hernach Sarko.

Antonette. Da gehn ſie wieder hin, um den
Becher der Wolluſt in vollen Zügen zu leeren.
Womit hat ſie das Glück verdient, den ſchönſten
Mann in Rom ſich ſo allein eigen zu machen? Ohne
Zauberey iſt's unmöglich. Wüßt' ich nur, zu welchem Hexenmeiſter ſie ihre Zuflucht genommen,
ich wendete einen Scudi daran, und ließe ihr einen Poſſen ſpielen. Sie hat ihn zu gewiß im Garn,
ſonſt würden gewiſſe Leute ihr nicht ſo wenig gefährlich ſcheinen. Gute Markiſe! man hat auch
etwas von Reizen aufzuweiſen. Eduard mag ſie
immer lieben, ſonſt aber ſind Männer doch nicht
ſo ganz für's immer Einerley —

Sarko. (tritt ein, mit einem Briefe in der Hand.)
Aha! Lord Eduard ſchien mir hereinzukommen.
Da wird's ein Jubel geweſen ſeyn. Ach, Anto-
nette, Liebe iſt doch die Seligkeit dieſer Erde.

Antonette. Hagrer Patron, daß du mich
daran erinnern mußt!

Sarko. Wie wunderlich Sie ſind, Signora.
Als ob an der Statur etwas läge, und der hagre
Liebhaber nicht eben ſo zärtlich und wirkſam lieben
könnte, als der fettere. Wahrhaftig, Kind, Sie

L 2

stören die Ordnung im Hause. Wäre unsrer Markise nicht der Mann eben aufgestoßen, so hätte sie
einen andern nehmen müssen.   Kann Antonettchen keinen nach ihrem Geschmack finden, so nehme sie mich,   aber die Liebe lasse sie in unserm
Hause nicht nach Brode betteln gehen.   Ich will
mich nicht für einen Leckerbissen ausgeben,   aber
zur Nahrung, mein Engel, bin ich in der That
noch mehr als zu gut.

Antonette.   Dürfte ich Herrn Sarko fragen,
was er um diese Zeit noch in dem Zimmer der Markise zu thun hätte?

Sarko. Wenn Sie zu sehen belieben, gestrenge
Signora, so hat Dero unterthäniger Diener einen
Brief zu überbringen.

Antonette. Einen Brief! Einen Brief!
Woher? Von wem? Her, Sarko, mit dem
Briefe — her!

Sarko.   Hier, Allerliebste; aber ohne mich
werden Sie nie wissen, von wem er ist.

Antonette.   Hand und Siegel unbekannt. —
Nicht wissen, von wem er ist? Signor Sarko,
ich werde mir die Freyheit nehmen, diesen Brief
aufzubrechen, und dann sagen, Sie hätten sich

versehen, und geglaubt, er gehöre an mich. (will ihn aufbrechen.)

Sarko (fällt ihr in die Hände.) Um der heiligen Erzväter willen nicht! Sie sollen alles wissen. Trotz dem, daß es Hand und Siegel nicht ist, so ist er doch unter einem fremden Kuvert angelangt, wirklich vom Herrn selbst.

Antonette. (läßt die Hände sinken, und Sarko erhascht den Brief.) Vom Herrn selbst? Nun da hat der gewiß etwas gemerkt. Das wird Auftritte geben — Halt! ein Einfall. Herr Sarko, ich erwarte von Ihrer Gefälligkeit, so wie von Ihrer Politik, daß Sie mich diesen Brief persönlich übergeben lassen.

Sarko. Ich kenne keine andre Gefälligkeit, und keine andre Politik, als die mir etwas einbringen — Ein Kuß —

Antonette. Nun, wenn Sie darauf so gelüstig sind, da ist er.

(Sie küßt ihn; er giebt ihr den Brief, und geht schmunzelnd ab.)

Da hätt' ich ja auf einmal ein Mittel, vielleicht den ersten glücklichen Zwist zwischen beiden hervorzubringen. Einmal muß er's doch erfahren. Ich gebe ihr den Brief in seiner Gegenwart. Ent-

schuldigung hab' ich, und Sarko verräth mich
nicht. Aber wenn er diskret genug ist, den Brief
nicht zu fordern? — In dem Fall ist auch nichts
versehen. Aha! sie kommen.

(Sie geht zur Thür hinaus.)

Markise. Eduard. Hernach Antonette.

Markise. Immer, Eduard, find' ich Gelegenheit, mir und Ihnen zu wiederholen, daß Sie
das Glück unsrer Liebe nicht in dem ganzen Umfange schmecken, wie ich es genieße.

Eduard. Leiten Sie das daher, weil unser
Körper ehe ermattet, als der Ihrige. Aber Genuß der Seelenwollust! Weisen Sie mir einen
Augenblick auf, in dem ich Ihnen nicht gleich komme, ich möchte wohl sagen, Sie nicht übertreffe.

Markise. Soll ich auch sagen, daß das von
schnellerer Erschöpfung herrührt, daß Ihr Männer Eure Zuflucht immer schneller zur Seele nehmen müßt, als wir? Ich möchte wohl aus hinrei-
chenden Gründen wissen, ob wir auf dieser Erde
mehr für Seele oder für Körper leben. Ich hätte
Lust mit Ihnen zu disputiren, Eduard, um Ihnen
zu beweisen, daß die Seele nur für die Erholung

des Körpers da ist. Nicht wahr, wenn Sie er=
schöpft sind, so ist's Ihnen eine große Wollust,
Seelenspeise zu genießen, Sie knüpfen begierig den
Faden der Unterhaltung vom Körper ab, und bin=
den ihn an die Seele; aber kaum haben Sie sich
etwas erholt, kaum werden meine zärtlichen Lieb=
kosungen wieder wirksam auf Sie, im Huy ist der
Faden von der Seele auf den Körper wieder über=
gespielt, ohne daß da ein beschwerliches Losknüpfen
oder Anheften nöthig wäre. Wo liegt mehr Na=
tur, in jenem gezwungenen Uebergange, oder in
diesem leichtern, gefälligern?

Antonette (tritt mit dem Briefe ein.) Hier, gnä=
dige Frau, ein Brief —

Markise. Woher, Antonette?

Antonette. Ich kann es nicht sagen, Hand
und Siegel sind mir unbekannt.

Markise. Es wird nichts Bedeutendes seyn.
Geh nur!

(Antonette ab. Sie will ihn einstecken.)

Eduard. Lesen Sie doch, Markise. Man
kann nicht wissen. Vielleicht die Bitte eines Un=
glücklichen, der schleunige Hülfe ohne Aufschub be=
darf.

Markise (erbricht, wirft einen Blick in den Brief, er=

L 4

schrickt, und wird leichenblaß.) Nichts Bedeutendes —
(Sie will den Brief einstecken.)

Eduard. Wie? nichts Bedeutendes — und
Sie werden blaß, und haben nicht den Muth, den
Brief zu lesen? Nein, Markise, so kahl an Theilnehmung für alles, was auf Sie wirkt, bin ich
nun nicht. Ich kenne Sie in der That als
entschloßne Frau, also kann es nichts Kleines seyn,
was Sie aus Ihrer Fassung bringen kann, und
alles Unangenehme will ich mit Ihnen theilen.

Markise. In der That, Eduard, es ist
nichts. Ein kleiner Schreck — und lassen wir
das.

Eduard. Nein, theure Seele! Sie fangen
an, mich zu beleidigen, wenn Sie glauben, daß
ich kalt dabey bleiben könnte. Ihre Unruhe ist
meine Unruhe, Ihre Leiden sind meine Leiden.
Wenn Sie todtenblaß werden können, wenn Sie
einen Blick auf den Brief werfen, so muß ich für
den Inhalt zittern. Sie können ihn auch unmöglich lesen, lassen Sie mich ihn lesen, und darüber
beschließen.

Markise. (im starken Affekt.) Du wolltest den
Brief lesen — du, Eduard? Nimmermehr geht

das, niemals können Sie das. Der Brief, Mylord, der Brief, o haben Sie Barmherzigkeit!

Eduard. Immer räthselhafter — immer
seltsamer! Markise, lassen Sie mich nicht in die
Wallung kommen, in der Sie sind. Ich will wissen, welch ein Brief Todesblässe bey Ihnen bewirken kann. Neugierde ist das nicht. Hätten Sie
freundlich gelächelt, ich hätte nicht einmal gefragt.
So aber, wissen muß ich, was es ist, was Sie
erschrecken kann. Der Unmensch, der diese Wangen bläßen konnte, soll meine Rache empfinden.
Geben Sie den Brief.

Markise. Eduard! nicht weiter! Ich kann,
ich darf nicht. Meine Ruhe und deine Ruhe, mein
Leben und das deinige, alles hängt daran, daß du
diesen Brief nicht siehst. Vermag ich nicht so viel
über dich?

Eduard. Sie vermögen alles, nur in diesem
Falle nichts. Sie sagen mir immer mehr, was
mich reizt. Und wenn meine Seligkeit daran
hinge, um so eher muß ich es wissen. Jezt muß
ich Sie ernstlich bitten, mir den Brief zu geben,
oder — ich glaube, er enthält Verläumdungen
gegen mich, und meine Rechtfertigung sey dann,
daß ich Sie nicht wiedersehe.

L 5

Markiſe. Um Gottes willen! — Nun, Muth alſo. (Sie fällt vor ihm nieder.) Ja, du ſollſt den Brief ſehen, Eduard, und ſollſt die Sünderin ſehen, die es aber nur in deinen Augen ſeyn kann, in der ganzen übrigen Welt Augen nicht. Dennoch demüthige ich mich vor deinem Vorurtheil. Flehend bitte ich dich, vergieb mir. Du könnteſt mir ja mehr vergeben, als andern, ſagteſt du einſt. Mach es wahr, Eduard —

Eduard. Stehen Sie auf, Markiſe, drücken Sie mich nicht zu Boden. Was könnte es ſeyn, was mich auf Sie erzürnt zu machen fähig wäre?

Markiſe. Das wolle der Himmel, daß das dieſer Brief nicht kann, und ich bin neugeboren.

(Sie giebt den Brief, Eduard ſchlägt ihn auf.)

Eduard. (lieſt:) „Zärtlich geliebteſte Gattin!" — Wie? Markiſe! Der Brief iſt an Sie? Sie ſind nicht Wittwe? Frau eines Lebenden? Geſchwind! Erklärung! Geſchwind!

Markiſe. Das bin ich, Eduard: ich bin die Unglückliche, die ich dir ſo oft malte, die einen Gatten hat, den ſie nicht liebt.

Eduard. Und ich alſo in ein Laſter verwickelt, das ich mehr verabſcheue, als einen zehnfachen

Tod — Und ich der Räuber der Ehre eines Mannes — ich, der ich Ehre zum Idol meiner Seele
gemacht! O Sie haben mich so schrecklich hintergangen, daß dieser Betrug mich ohne Gränzen herabwürdigt. Es giebt einen Mann, der
auftreten und mir sagen kann: du hast mich vernichtet! Und ich muß das wahr fühlen, ich muß Ja
zu dem sagen, ich, der ich mein ganzes Leben dazu
anwendete, daß niemand mir sagen könnte: Er
hat mich beleidigt! Dieses Rom sollte mir also
meinen Stolz nehmen! Ein Weib mich um meine
Ehre betrügen! Eine Syrene meiner Tugend das
Grab bereiten! Eduard! was warst du? Und
was bist du jezt? Du entgingst den Schlingen von
neun und neunzigen, und die hundertste fing dich,
da du vielleicht ihr entgangen, auf immer festge-
standen hättest!

Wie sie zittert, und die Augen zur Erde schlägt!
Kann denn die Natur es ertragen, das ehebreche-
rische Bild? Der Mörder stünde wie ein Engel
gegen dich!

Markise. Das ist zu viel, Eduard. Warum
that ich denn das alles? Was konnte mich wohl
dazu bringen, als die unendliche Liebe, die Sie
mir einflößten?

Eduard. Wälzen Sie nur die Last auf mich
— Doch nein. Weib! das kannst du nicht.
Wisse, daß mir von jeher die Rechte eines Mannes
die heiligsten waren — wisse, daß ich dich, trotz
deinen Reizen — trotz deinen Vorzügen — trotz
deinem tiefdringenden Zauberblick, selbst in dem
Augenblicke, in dem ich dem höchsten Wollustge-
fühl unterlag, würde von mir gestoßen haben, hättest du mir gesagt: Ich bin das Weib eines Andern! Dieser Funke der Rechtschaffenheit in mir
hat mich nie verlassen, und er wurde, nur vom
kleinsten Windstoß angeregt, zur Flamme. Liebe
hab' ich von jeher verehrt: strafbare Wollust immer verabscheut. So schuldlos trug ich dir meine
Hand, trug dir ewige unnennbare Liebe an, und du
müßtest das Weib nicht seyn, das du bist, wenn du
nicht meine ganze Seele hättest durchschauen können.
Und zur Belohnung machst du mich zum Verbrecher, spielst mit meiner Rechtschaffenheit, opferst
meine Ehre, giebst meine Tugend schändlichen, ehe-
brecherischen Lüsten Preis.

Markise. Eduard! Du mißhandelst mich aufs
entsetzlichste, und ich schweige. Ich ertrage den
Ausbruch deiner Grundsätze, und die meinigen
darf ich nicht reden lassen. Schuldig, mein Lie-

ber, ist nur, wenn ein Herz schuldig nennt. Vor keinem Menschen in der Welt kann ich mich demüthigen, vor dem, den ich liebe, thu ich's. Ich sehe mich einmal nicht als das Weib des Mannes an, den ich hasse. Du bist der Mann meiner Seele.

Eduard. Nicht weiter. Sie häufen Ihr Unrecht mit jedem Worte. Mit dem Manne der Seele sollte auch nur die Seele ins Spiel kommen. Ich verehre die Gesetze, was wären wir Menschen ohne sie? Markise! was ist aus Ihnen geworden, weil Sie sie nicht ehrten? Nicht der Verlust tausend angenehmer Stunden, nicht der der ausgezeichnetesten seligsten Wollust geht mir nahe, das Opfer fordern Ehre und Tugend; aber daß ich Sie so verdorben sehe, daß dieß Meisterstück der Schöpfung an Geist und Körper verloren ist, das bedaure ich, indem ich Sie verlasse.

Markise. Mich verlassen? Eduard! du könntest mich verlassen? Weißt du denn auch, was an diesem Verlassen hängt, was seine nothwendige Folge ist? Rasend, Unglücklicher, wird das Weib, das dich liebte, um deinetwillen! Feuer fährt in ihr Gehirn, Wuth in ihre Seele! Ihre Nerven werden nicht aufhören zu zittern, sie zu peinigen,

bis sie zuckend ein Leben verläßt, das sie nur dir
gewidmet hätte. Wage es zu läugnen, daß dies
Leben nicht um deinetwillen eingehaucht gewesen,
wage zu widerrufen, was du noch vor wenig Augenblicken sagtest, ich hätte dir Leben gegeben!
Zweck wäre durch mich hineingekommen! Wage
es, eine der Stunden nicht selig zu nennen, die ich
dir versüßte! Oder wolltest du den Empfindungen widersprechen, die du vor Minuten hattest,
wie du in diesen Armen, o! daß ich dir das wiederholen muß, schmecktest, was du nie gefühlt hattest,
oder nie gefühlt zu haben vorgabst? Soll ich den
Eduard, der diese festen Grundsätze zeigte, für einen Lügner halten? Oder nimmt das, was jetzt
in dir aufwühlt, dem Vergangnen seinen Werth?
Nein, Eduard, du darfst mich nicht verlassen!

Eduard. Der Tropfe Zeit, den ich noch bey Ihnen zubringe, vermehrt meine Strafbarkeit. Der
Augenblick meiner Sünde ist da gewesen. Wie
du mir sagtest: ich bin Weib! und ich vor dir stehen blieb, nicht mich wandte, um nie dein Gesicht
wiederzusehen, damals, damals hob meine Schuld
sich an. Hätte ich gleich dich gemieden, so hätte
ich mir sagen können: du handeltest als Mann —
Aber länger strafbar vor Ihnen stehen, Marküse,

länger mit jedem Augenblicke fühlen, ich habe ein abscheuliches Verbrechen begangen, mich selbst immer mehr erniedrigen, indem ich das Verbrechen erneuere, oder doch zu erneuern wünschen würde, das kann ich nicht. Lassen Sie mich, Markise, und bedauren Sie sich.

Markise. Ha! wie das durch's Innerste glüht! Nicht einmal dich soll ich bedauern? Du wärest nicht bedauernswerth, wenn du ein Weib verlassen hättest, die dir einen Himmel schuf? Du spielst mit dem Stolze, Eduard. Ich will mich nicht erzürnen, nicht diesen Brand rächen, den du in mir angelegt. Aber wenn ich mich bedauren soll, so will ich mir auch helfen; nur dich sehen, kann dieses Bedauern mindern. Also will ich dir folgen, wohin du auch gehst; ich will bey deinem Anblick jedesmal mir es sagen, daß ich nicht unrecht that, um eines solchen Mannes willen ein Vorurtheil zu überwinden. Dich soll mein Anblick zum Mitleiden gegen mich durchschaudern. Warum? Weinen und Sehnen werden bald diese blühenden Wangen bleichen, der Gram wird den vollen Busen verzehren, wird den schönen Körper zum Gerippe machen. Ich werde dir nachschleichen mitten in deinen Freuden, und kann eine Gestalt,

die dem Tode zueilt, dich nicht darin stören, so
wird wenigstens ein mitleidiger Blick auf mich fallen. Wenn im Zirkel der Freundinnen, die dem
Abgotte der Weiber huldigen, man dich fragt:
Wer ist denn die Beklagenswerthe, die Sie immer verfolgt? dann wage es ja nicht zu sagen:
Sie ist eine Ehebrecherin um meinetwillen — denn
man würde dein hartes Herz in meinem Elende
hell erblicken. — Eduard! du wirst weich! Eine
Thräne in deinem Auge? O du fühlst noch!
Eduard! ich bin schon jezt so elend, wie ich werden
kann. Mein Herz sieht so aus, wie ich dir meinen Körper beschrieben.

Eduard. Lassen Sie mich zu Haus, Markise, daß ich mich sammle. Ich will sehen, was
ich der Pflicht opfern darf. Das sage ich Ihnen
vorher, in Ihren Armen sehen Sie mich nicht
wieder, des Verbrechens mache ich mich nie wieder
schuldig; aber ich will sehen, ob ich der Wollust
Trotz bieten, und die Liebe beybehalten kann. Dann
will ich prüfen, ob Sie das auch können, und ist
das, so leben wir als Freunde — Liebende — aber
ohne Genuß. Wollen Sie das?

Markise. Was du willst, will ich, Eduard.

Schon ein Himmel für mich, daß ich Sie besänftigt sehe.

Eduard. So bin ich morgen früh wieder da. O des schwarzen Tages, der mir zeigte, daß meine Seligkeit nichts als Nebel war! (ab.)

Markise. Er ist weg — Kehre zurück, Eduard. — Verläugne immer die Wollust, ich will mich zwingen, dir zu scheinen, als hab' ich sie auch verläugnet. Das ist ein Traum, den du dir schufst. Laß die Liebe bleiben, die Wollust ist ihre untrennliche Schwester. Du widerstandest neun und neunzigen, sagtest du, und die hundertste fing dich. Mir widerstehst du nicht wenigemale. — Aber — wenn — entsetzlicher Gedanke! wenn es Maske gewesen wäre, alles was er sagte, um sich von mir loszureißen? Wenn er jetzt fortginge? vielleicht schon fort wäre, wegeilte von Rom, forteilte übers Meer in sein Vaterland, wo die Menschen so voll Vorurtheile sind? — Glaubst du vielleicht, Britte, du kannst mich dort verlachen? Nein! du kennst mich noch nicht. Du hast mich von einer vergeltenden Seite nur kennen lernen. Von der guten. Von der andern habe ich mich dir noch nicht gezeigt. — Vor meiner Rache verstummt, wer vor meiner Liebe zerschmilzt. Hast

Erster Theil.   M

du mich betrogen, so glaube gewiß, ein Weib kann besser betriegen. Hast du mich hintergangen, so will ich dich um jede selige Stunde, um deine Ruhe, um deine Ehre, ja um dein Leben betriegen. So um alles betrogen, kannst du dann die seligste Liebe verfluchen. Nicht wie ein Schatten will ich dir nachfolgen, wie eine Furie will ich zu dir treten. England soll von deinem Meyneide ertönen, und die Achtung deiner Landsleute soll in schändliche Verachtung ausarten. Brittinnen sollen dich wie die Pest fliehen, und wagt's dennoch eine, sich von dir blenden zu lassen, so soll ein Dolch die Unglück= liche vor deinen Umarmungen und vor deinem Meyneide schützen. Ich will tausend Gestalten annehmen, um dich zu hintergehen. Ich war dein Himmel — ich will deine Hölle seyn. (Sie klingelt. Antonette tritt ein.) Man soll genau auf jeden Tritt Eduards Acht haben, und ich will bis morgen al= lein im Kabinette seyn. (stürzt ins Kabinet.)

Antonette. Doch wohl zu weit getrieben. Brechen sie ganz, so bin ich in die Grube gefallen, die ich ihr bereitete. (ab.)

Pisa.

Kampano's Wohnung.

Gabriele (einen Brief in der Hand.) Tinto
(tritt ein.)

Gabriele.

Gut, daß Sie kommen, Tinto. Sie können
mitreisen. Ich zittre über und über. Kampano
ist gestern aufs Gut gereist, und schickt mir einen
Eilboten. Alles sey entdeckt, Saldezzino habe
alles verrathen. Gespenster haben ihn erschreckt.

Tinto. (für sich.) Verdammt! (laut.) Herrlich!
Besser hätte es gar nicht kommen können. Ich
habe aufs neue die besten Versicherungen vom Kardinal. Aber, Gabriele — Sie sind erschrocken;
Nehmen Sie doch ein niederschlagendes Pulver.

Gabriele. Wenn Sie meynen, Tinto. Dort
auf dem Schranke liegen sie.

Tinto (wechselt die Pulver.) Ich finde keins.

Gabriele (klingelt. Ein Mädchen tritt ein, holt
die Pulver, und giebt ihr eins.) Ich habe entsetzliche

M 2

Wallung. Es wird sich nun schon geben. Marie, besorge, daß gleich angespannt wird.

Tinto. Und bleibe Sie unten, bis wir nachkommen. (Das Mädchen geht ab.)

Gabriele. Tinto, mir wird noch schlimmer auf die Arzeney. Nur einige Minuten aufs Bette.

Tinto. Wenn Sie wollen, Gabriele, so reise ich allein.

Gabriele. Nein, Tinto, bleiben Sie. Ich muß mit. Kampano würde sehr erschrecken. — Aber was ist das? Ich fühle ein Brennen im Magen, als ob ich den Tod in mir hätte. — Stiche — o weh! Tinto! schicken Sie doch nach einem Arzt — Sie zaudern — ein schreckliches Licht geht mir auf — Sollten Sie selbst — o weh — die Sprache wird mir schwer — die Zunge —

Tinto. Beichten Sie, Gabriele, Ihr Ende ist nahe. Sie haben ein schreckliches, schnell zerstörendes Gift. Ich sehe es.

Gabriele. (ermatet.) Bösewicht! Das hast du gethan. Mein Verdacht war also gerecht. Und meinem Manne steht wahrscheinlich eben das bevor. Unglückliche Familie! Durch eines Menschen Bosheit zu Grunde gerichtet. Hast du vielleicht Lausen auch schon verführt?

Tinto. Nein. Aber der Kardinal hat sie für sich bestimmt. Ihnen kann ich das sagen, denn Sie reden mit niemanden weiter, als mit mir. Wären Sie und Kampano nicht voll Vorurtheile gewesen, Sie hätten können glücklich seyn. Wollen Sie schnell beichten?

Gabriele. Nein, Tinto. Ich stehe mit meinem Schöpfer gut. — Ein Bösewicht kann mir auch meine Sünden nicht vergeben — Kampano und Lauren überlasse ich Gott — Ich fühl's — der Tod ist da — Bessern — Sie — sich —

(Sie stirbt.)

Tinto. (zieht einen Dolch.) Und für Kampano diesen, wenn's nicht anders seyn kann. — Aber vielleicht wirkt diese Nachricht, wenn ich ihm gleich einen Boten sende mit Gabrielens Tode, denn er liebte sie. Ich will euch lernen, meine Plane zu vereiteln.

(ab.)

Rom.

Palaſt des Kardinals.

Kardinal. (tritt mit leiſer Behutſamkeit aus eiꞏ
nem Kabinet.)

Wie ſchön ſie da ſchlief! Die Huldgöttinnen
hätten ſich beſchämt vor dem Anblick zurückgezogen.
— Wie gern hätte ich ſie geweckt, mit dem heißꞏ
ſten Kuſſe ſie geweckt — hätte noch einmal getrunꞏ
ken aus dem Zauberkelch — genoſſen noch einmal,
wie ich noch nie genoß — nie zu genießen glaubte.
Daß ich die Gefahr dieſes Augenblicks auch ſo ganz
durchſchauen mußte — daß Blindheit mich nicht
ſchlug — Leidenſchaft mich nicht hinriß! Kann
die Stunde bezahlt werden, die ich jezt der Zukunft,
die ich der Ungewißheit opferte? Hab' ich nicht
etwa den Beweis gehabt, was ſie iſt? Und wird
ſie mir auch je wiederkommen?

Wahr, mit ihrem Opfer hab' ich gewiß in Lauꞏ
rens Augen meine erſte Schuld gereinigt. Ich
müßte die Güte dieſes Mädchens nicht kennen,

wär' ich nicht gerechtfertigt für das, was ich that.
Aber kann nicht fester Vorsatz mir auf immer den
Zutritt verschließen, Wiederholung der schönen
Sünde unmöglich machen? — Nimmermehr!
Ohne Lauren kann ich nicht leben! — Diese weichen Arme sollten mich nicht wieder umschlingen?
Augen und Mund meine Küsse nicht mehr aufnehmen? In dem himmlischen Busen sollte ich nicht
mehr wühlen? Nicht mehr das Klopfen ihres Herzens an dem meinigen empfinden? Nicht mehr in
mich aufnehmen ihre Glut? O das Feuer, das
sie rege machte, kann keine wieder aufreißen —
alle ekeln mich an, wenn ich sie denke — Es ist
nur eine Laura in dieser Welt, und dieser Laura
Liebe bezahlt nichts.

Und was hält mich denn, daß ich sie nicht
wecke? — Aber nein! Der erste Augenblick des
Erwachens muß ihre seyn. Sie muß mit mir Mitleiden haben. — Sie regt sich — Zeig ich mich,
zeig ich mich nicht? Dort will ich mich in den
Winkel setzen, schwermüthig zu schlafen scheinen,
und erwarten, in zitternder Angst erwarten, was
sie thut.

(Er setzt sich im Sessel, nach einer kleinen Pause
tritt Laurette in der äußersten Wallung mit

M 4

fliegenden Haaren und zerstörtem Anzuge
ein.)

Lauretta. (sieht sich um, ohne den Kardinal zu sehen.)
Ja! Nun weiß ich's — ich bin's — weiß — wo
ich bin! Wirklich in des Kardinals Palast! Die
Flügelthüren dort öffneten sich ja, als ich draußen
war! — dieß Bild sahe mir entgegen. Nun bin
ich ja wieder da — und — die Nacht wäre wirklich vorüber? Dieser Tag wirklich Tag? Kein
Traum? (Sie reißt das Kabinet auf, und tritt ans
Bette.) In diesem Bette hätte ich gelegen — mit
dem Kardinal gelegen? Sündliche Wonne gefühlt? In schändliche Lüste mich verloren? Geträumt! — ja geträumt! Mein ihn genannt,
den schönen Mann — geküßt, umschlungen, —
unaussprechlich selig mich gefühlt? Das wäre
ja auch im Traume wohl Sünde? — Aber!
Träumt man denn auch, das man träumt? —
Also gar Wirklichkeit? Purpurne Vorhänge!
Kein Schatten! Ich muß sehen, ob das wirklicher
Purpur ist? (Sie zerreißt die Vorhänge.) Wirklich! alles wahr! Wahr, alles, was ich, ach —
so gern geträumt hätte, wenn schon der Traum
Sünde ist? Laurette Buhlerin des Kardinals!
Und ich verliere den Verstand nicht? Kann noch

denken, noch fühlen? Und nicht einmal Angst preßt
dieses Herz zusammen? Und ihr erscheint nicht,
furchtbare Furien der Hölle, und nehmt den Gedanken weg, daß die Nacht schön war? Wollü-
stiges Gefühl rollt mir noch in den Adern? Oer-
scheine, allgewaltige Rache der Tugend! Nimm
jede Gesinnung, die mir meinen Fehltritt verzeih-
lich malen kann! Lege Brand in jeden Tropfen
meines Nervensafts. — Stacheln in jede Faser
meines Fleisches! — Ha! es kömmt! Ja, meine
Bitte wird erhört — schon sehe ich meinen Vater! (Sie rennt ins Zimmer.) Bleib, fürchterlicher
Schatten! entfliehe mir nicht! (sie sieht den Kardinal.)
Da ist er, der Verführer — tödten — ja tödten will ich ihn! — O! heilige Mutter! Er ist so
schön. — Wie? Mitleiden könnte ich haben?
Nein! (Sie schüttelt den Kardinal.) Erwache, Mit-
schuldiger! Träume ein andermal —

· **Kardinal.** (wie aus dem Schlummer erwacht, fällt
zu ihren Füßen.) Verzeihung, Verzeihung! — Laurette! Knieend bitte ich Sie darum —

Lauretta. Sie sind ja der Kardinal —
knien Sie nicht. Verzeihung wollen Sie? Gehen Sie hinauf durch die Wolken, zu dem Rich-
ter, der alles richtet, und fordern Sie sie dort!

Gehen Sie zu dem Vater, dessen Tochter Sie ent-
ehrt, fordern Sie sie dort. Gehen Sie zu der
Mutter, deren Tugendbild Sie zerstört haben, fordern Sie sie dort. Die Sünderin Laurette hat mit
sich genug zu schaffen. Rasch, Kardinal, einen
Dolch durch dies schon ganz verderbte Herz, denn
noch sehe ich Sie gern. O wären Sie nicht, der
Sie sind, könnten Sie nicht Sünden vergeben,
dann wollt' ich Ihnen fluchen. Mit Laurettens
Tugend, Kardinal, haben Sie eine ganze Familie
aus der Reihe der Seligen weggerissen. Der
Vater wird der Stunde fluchen, in der er sein
Weib nahm, die Mutter wird der fluchen, in welcher sie mich gebar. Wie stolz war ich auf mich!
O Roms giftiger Hauch, dich sahe Kampano vor-
her!

Kardinal. Laurette! mein Weib! denn das
sind Sie vor Gott und allen seinen Heiligen:
Könnte ich ihn von mir werfen, den Purpur, zer-
reißen ihn, und vertilgen sein Andenken, um Ihrentwillen thäte ich's. Der alles richtet, der vergiebt auch alles, richtet im Verborgnen, und vergiebt im Verborgnen, und Uebereilungen vergiebt
er, indem sie geschehen; und daß wir uns vergaß-
sen, war doch wohl Uebereilung. Heute Morgen,

wie ich Sie verließ — wie Sie, das Meisterſtück
der Schöpfung, da lagen, wie alle meine Lebens-
geiſter wallten, alle meine Blutstropfen zur Seele
ſich drängten, und jeder ihr zurief: Gieb den Willen zum ſchönen Erwachen — wie er ſchon von
meinen Lippen herabſchwebte auf die Ihrigen, und
wie ich ihn noch zurückzog, den Feuerkuß — eine
paradieſiſche Seligkeit in meiner Gewalt war, und
ich mir ſie ſelbſt entführte, um der Keuſchheit Laurettens willen, — da, Weib meiner Seele,
opferte ich mehr, als ſich denken läßt — da gab
ich der Tugend mehr, als ſie verlangen konnte —
und das hätte ich ihr dieſe Nacht gegeben, wenn
ich meiner mächtig war.

Lauretta. Mann Gottes! Zaubern Sie die
Schuld nicht ganz von ſich weg, nicht ganz ſie auf
meine Seele. Ich fühl' es, das hätt' ich nicht ge-
konnt. Wie ich erwachte, war der Traum noch
nicht verſchwunden. Erröthend geſteh' ich's, ich
breitete meine Arme nach Ihnen aus. O warum
iſt der Verführer ſo reizend, und die Sünde ſo angenehm? Weg, Kardinal, weg aus dem Zirkel,
der für mich Arme der Verſuchungen zu viel hatte.
Weg mit mir in ein Kloſter, damit meine Schande

verstumme. Das einzige Mittel, sie schweigen zu machen. Aus Barmherzigkeit, Kardinal!

Kardinal. Nein, Laurette, dazu sind Sie nicht geboren. Diese Schwachheit brauchen Ihre Aeltern nie zu erfahren. Vergiebt sie Ihnen der Himmel, und das kann er durch mich thun, so ist sie zugedeckt, und nur wir sind die Besitzer des Geheimnisses.

Lauretta. Als wenn ich diesem Kampano, den ich nicht mehr Vater zu nennen wage, unter die Augen treten könnte, ohne daß er im ersten Blick die Unschuld seiner Tochter vermißte. O Kardinal! meine Seele malte ihren Zustand immer zu treffend in meinem Gesichte, als daß sie einmal darin zu verkennen wäre. — Wüßt' ich's, daß er sich der Rache überließe, daß er dem Leben, das ihn geschändet, schnell ein Ende machte, dann — ja dann wollte ich gleich zu ihm —

(Es wird an die Thüre geklopft.)

Himmel! Kardinal! wenn man mich hier sieht! Aber — was hätte ich denn noch zu verlieren?

Kardinal. (geht zur Thüre hinaus, tritt aber gleich wieder ein.) Ein Brief an Sie, von der Gräfin Medina.

Lauretta. O meine tugendhafte Freundin!
Dich hab' ich auch verloren. Wie wirst du die
Schuldvolle von dir stoßen! (Sie nimmt den Brief.)
Er wird Vorwürfe enthalten. Gott! — die Hand
meines Vaters. In diesem Augenblicke einen
Brief von dir? — Darf ich diese Hand noch küs=
sen? — Weh mir! So nahe der Sünde die
Strafe. Mein Vater krank — dem Tode nahe
— Er glaubt — er werde — nicht lange mehr
leben! — Ewiger Rächer! Das ist zu viel, zu
schnell. Soll ich gleich nach dem Verlust meiner
Unschuld meinen Vater verlieren?

Kardinal. Reisen Sie gleich zu ihm, Laura,
suchen Sie sich diesen Vater zu erhalten —

Lauretta. Zu erhalten? — Und wenn ich
komme, und er lebt noch, so wird er die entehrte
Tochter kaum sehen — und sogleich den Tod ru=
fen. — Dann wird dieser hämische Wütrich sich
vor ihm verbergen. O ich komme, dir die letzte
Stunde süß zu machen, Kampano. Ich sollte dir
die Augen zudrücken, und deinen letzten Seufzer
leicht machen. Ha! die Kehle werd' ich dir zu=
drücken, an dem Angstworte: Buhlerin! wirst
du ersticken. Tausendfach wirst du die Schrecken

des Todes fühlen.   Die Lieblingstochter wird deiner Seele den grausendsten Abschied bereiten.   O
Kardinal! die Sünde ist schön — sollt's auch nur
der Folgen wegen seyn — Nun? was stehen Sie?
machen Sie Anstalten, daß ich fortkomme —
fort zur Hölle für Vater, Mutter, und mich! —
Schnell — schnell — fort!

(Sie stürzt zur Thür hinaus, der Kardinal
nach.)

Kampano's Landgut.

***

Saldezzino. Tinto.

Tinto.

Verdammter Hund von einem Schwätzer, diesmal hab' ich dich noch freygemacht.

Saldezzino. Du mußt hexen können, denn
ich begreif's nicht. Es ist alles so still auf dem
Schloße. Ist's denn wieder mein?

Tinto. Dein! Was ist je dein gewesen?
Aus Barmherzigkeit sollst du noch ein Weilchen
drauf wohnen, bis der Roman mit Lauretten zu
Ende ist. Dann werd' ich selbst wohl herziehen,
und da will ich dich zum Aufseher machen.

Saldezzino. Und das wären wirklich keine
Geister gewesen, und der Graf wäre kein König
geworden? Und warum hat denn Kampano der
Schlag gerührt, und wie hast du das alles zuwege
bringen können?

Tinto. Wie du dich so unbesonnen in Angst

hatteſt jagen laſſen, und man Gabrielen Nachricht davon gab, kam ich eben in Piſa an. Ich durch- ſchauete die ganze Karte, und beſchloß ſogleich mein Gegenſpiel. Ein Augenblick Zauderns hätte mich und den Kardinal ſtürzen können. Unerwartet glücklich für mich bekömmt Gabriele gerade in dem Zeitpunkt einen ihrer hyſteriſchen Anfälle, und ſo heftig, daß er in wenig Stunden ihrem Leben ein Ende machte. Dieſe Nachricht ſchicke ich an Kam- pano vorweg, verſehe mich gleich, nachdem ich den Boten an Gabrielen ausgeforſcht, mit Dienern der Gerechtigkeit, und zwar von den geiſtlichen Gerichten, um die Teufelsbanner in Verhaft zu nehmen. Kampano ſieht mich kaum mit dieſen gefährlichen Begleitern eintreten, ſo fällt er wie todt nieder. Ich hätte dem Manne gern ein län- geres Leben gewünſcht, obgleich in unſre Geſchichte es ein ſehr glücklicher Zufall war, und wir ſo zu ſagen, ohne ſeinen Tod nicht gut uns herauswickeln konnten.

Saldezzino. Iſt er denn wirklich ſchon todt?

Tinto. Noch nicht, aber es iſt eben ſo gut. Der Gebrauch aller ſeiner Sinne hat ihn verlaſſen. Ich habe ihn nach Piſa bringen laſſen. So wie er fortgeschafft war, nehm' ich Amorso und seine zwey Helfershelfer gefangen. Wir fanden noch die ganzen Masken des Teufels und der zwey Schatten beysammen, und die Herren werden wahrscheinlich selbst bey ihrem Tode darin paradiren. Du hast weiter keine Rolle dabey zu spielen, als alles, was du ausgesagt, auf die Angst zu schieben, die dich zu einem falschen Geständnisse gebracht hätte. Du brauchst nicht einmal zu schwören, daß du nicht mein Bruder bist. Nun — ich habe dich los gemacht, sey jezt klug; ich muß jezt nach Rom, und sehen, wie es dort aussieht, von da gehe ich nach Pisa, und kehre dann erst wieder.

Rom.

Palaſt der Gräfin Medina.

Gräfin.   Kardinal.   Hernach Tinto.

Gräfin.

Eine ſo reiche Belohnung, Bruder, wie das mir überſandte Geſchenk, hatte ich nicht erwartet.

Kardinal. So wie ich keine ſo wonnereiche Nacht. Zum erſtenmale hat mich Amors Fittig ganz überſchattet. Ich bin von dem Unterſchiede überzeugt worden, der zwiſchen erkaufter und erregter Liebe ſich findet. Den ſchönſten Morgen verlor ich freylich durch übertriebene Delikateſſe. Aber Tinto's Ausbleiben macht mir bange für die Zukunft. Ich möchte wiſſen, wie es mit ihr, dem Vater und der Mutter ſteht —

Gräfin. Wie wird es ſtehen? Sie werden der Unſchuld der Tochter ein paar Thränchen ſchenken, und Tinto wird alles ſchon ſo einkleiden, daß ſie ſich's zur Gnade halten, Ew. Eminenz zum ge-

heimen Schwiegersohn zu haben.   Aber etwas un-
vorsichtig, Kardinal, waren Sie.

Kardinal.   Wie so, Gräfin?

Gräfin.   Daß Sie das Mädchen mit in Ihren Palast nahmen.   Wie wird's um die Fürstin
aussehen, da die Begebenheit schon hin und wieder
bekannt ist?

Kardinal.   Bekannt?   Wie könnte sie das
seyn?   Auf meine Leute kann ich mich verlassen;
ich denke, Sie auf die Ihrigen auch.   Ich will
nicht hoffen, Medina, daß Ihr bekannter Undank
sich auch auf Ihren Bruder erstreckt.   Ich habe
Sie belohnt,   um Ihrem Herzog nicht zurück zu
stehen.   Wenn nicht alle Plane auf Lauretten weg-
fallen, so fürchten Sie meine Rache. (Tinto tritt ein.)
Ein andermal mehr davon.   Nun, Tinto, wie
steht's mit Lauretten?

Tinto.   Da möchte ich wohl Ew. Eminenz fragen.   Ich komme, ihre Traurigkeit rege zu machen, und dann sie wieder zu lindern.

Kardinal.   Wie! Laurette ist nicht in Pisa.
Und wo wäre sie denn?

Tinto.   Ist sie nicht bey Ihnen in Rom, so
weiß ich's nicht.   Ich komme jezt nicht von
Pisa.

Kardinal. Sie sind auf die Art ein treflicher Bevollmächtigter. Schwärmen Ihren Geschäften nach, und versäumen die meinigen. Laurette ist nach einem erhaltenen Briefe ihres Vaters, worin er ihr seine Krankheit meldet, abgereist. Nun gehn Sie also gleich nach. Und zur Strafe, daß Sie so schlecht aufpassen, soll Kampano sein Gut wieder erhalten. Ich befehle Ihnen, es ihm sogleich zu übergeben. Das Equivalent haben Sie von mir zu erwarten.

Tinto (für sich.) Klingt's aus dem Tone? (laut) Wie Ew. Eminenz befehlen. Komm' ich indessen gleich nicht gerade von Pisa, so bin ich doch nicht aus des Kardinals Geschäften gekommen, und habe eine der ärgsten Verräthereyen zerstört, wovon Kampano's Brief zeugen muß, denn da er ihn geschrieben, war er gewiß noch gesund. Ob sahe ich ihn, und in meiner Gegenwart rührte der Schlag ihn so, daß er ihn aller Sinne und Bewegung beraubte. Der Schreck über den Tod der Mutter —

Kardinal. Lauter Räthsel! Tinto, wenn dem so ist, so reisen Sie zu Lauretten, versprechen Sie ihr meinen Schutz. Lassen Sie sie sechs Trauer-

wochen in Pifa zubringen, und dann mag fie zurückkehren. Kommen Sie mit mir —

(ab mit Tinto.)

Gräfin. Bravo, Herr Pater! Sie können,
scheint es, tödten, und lebendig machen. Die
Aeltern find alfo aus dem Wege. Der Kardinal
ist mit dem Temperamente der Unschuld fertig geworden. Sie ist verliebt. Lauter herrliche Aus-
fichten! Was ich über fie vermag, foll Trotz den
Drohungen des Herrn Bruders für den Herzog
angewandt werden. Zu den Vorkehrungen haben
wir sechs Wochen Zeit. Viel, Laurette, foll nicht
aus dir werden, dafür follen meine bezahlten Zungen Sorge tragen!

Pisa.

Laurettens Wohnung.

Lauretta allein.   Hernach Tinto.

Lauretta.

Unglückliche Waise! — der Aufsicht eines Vaters, den Lehren einer Mutter — der Liebe bei der entrissen! O meine theuern Aeltern! Ihr seyd dahin. Und es drängt sich aus meiner Seele, euch glücklich zu preisen — mich glücklich zu preisen, daß ihr es seyd. Wenn ich mir den schaudervollen Augenblick denke, in dem ich euch hätte gestehen müssen, die Tugend Laurens ist dahin — wenn ich mir den fürchterlichern denke, in dem ich euch nicht hätte läugnen können, daß ich meinen Verführer noch liebe, o dann hätte ich euch gemordet, denn ihr hättet das nicht überlebt. Der Schmerz über mich hätte euch getödtet. Und hätte der Kardinal Vermögen und Gut euch wiedergegeben, würd' er euch die Seligkeit wiederge-

geben haben, die in der Unschuld Eures Mädchens
bestand? in die ihr einen Werth setztet, — ach!
den Laurette nicht zu schätzen weiß. Warum kann
ich denn nicht im ganzen gränzenlosen Umfange
fühlen, was mir geraubt ist? Warum schleicht
ein Gift für diesen Gedanken in diesen Adern?
Warum steht, sobald ich allein bin, des schönen
Mannes Bild zwischen mir und dem Grabe meiner Aeltern? Warum verwehrt er mir's, darauf
niederzustürzen, und heiße Thränen ihrer Asche zu
weinen? Ja, die Vorsehung ist gerecht. Sie
schenkt denen Ruhe, die sie verdienen, Unruhe
giebt sie der reulosen Sünderin. Ein Friede hat
euch in eure Gruft begleitet, und das war ja euer
ganzer Friede. Ruhe, Ruhe über eure Asche!
Möchtet ihr diesen ganzen Frieden mit in jenes Leben hinübergetragen haben — möchte ewiger Nebel euch die Schande der Tochter verhüllen — die
Schande, die sie zu überleben wagt — (Tinto tritt
ein.) — Ach, Tinto! Sie leben doch noch, einer
lebt doch noch.

Tinto. (für sich.) Gut. Ich bin nicht verrathen. (laut.) Ich war in Rom, Fräulein, um Sie
auf Ihr Unglück vorzubereiten. Sie waren mir

mir zuvorgekommen, um den ganzen schrecklichen Anblick auszuhalten.

Lauretta. Wohl ein schrecklicher Anblick. Wie ich eintrat, lag dort die todte Mutter. Todt war sie, Tinto, so daß ich nicht einen Blick mehr erzwingen, nicht ein Wort mehr herauspressen konnte. Der mütterliche Segen, meynen Sie nicht, er hätte mir können wohlthun? Ich wandte den Blick weg, und sehe auf Kampano. Der war nicht todt, Tinto, er lebte, aber für mich war er todt. Ich stürzte auf ihn, ich küßte ihn, ich drückte seine kalten Hände. Ich wußte nicht mehr, wer ich war. Er schlug endlich die Augen auf, sahe mich, die letzte Kraft seiner Seele erhob ihn etwas. Mit einem ängstlichen Geschrey kreischte er die Worte: Tinto! Rache! und starb. Er trug Ihnen ein wichtiges Geschäft auf, das Sie aber nicht vollbringen sollen. O der Anblick war schrecklich und süß!

Tinto. Und süß?

Lauretta. Fällt Ihnen das auf? Ja wohl muß es Ihnen auffallen, daß die Tochter es süß findet, daß die Aeltern todt sind. Wissen Sie also das schreckliche Geheimniß nicht? Sie zählten auch darauf, daß dieser Laurette Unschuld ein Wunder für Rom seyn sollte. O Pater! die Aeltern sind todt! Die Unschuld ist todt! das heißt: Laurette ist todt! Die Laurette, Tinto, Kampano's und Gabrielens Tochter ist wirklich todt — Wissen Sie aber, noch eine Laurette lebt — die Buhlerin des Kardinals lebt. Mit der reden Sie jezt.

Tinto. Ach, Laurette, was sagen Sie mir! Sie ist also so bald gebrochen, die Rose, die so schön und so einzig blühete? O glückliche Aeltern; daß ihr das Leiden nicht mit ins Grab genommen! Nein, Laura, das hätt' ich dem Kardinal nicht zugetraut. Der schändliche Heuchler! Er log eine so reine Empfindung für Sie. Ein Mann, der mit Beyspiel vorgehen sollte, läßt sich hinreißen, eine Unschuld zu verführen, die Engel unter sich aufgenommen hätten! O der Plan muß lange angelegt gewesen seyn! Darum war er so geheimnißvoll gegen mich.

Lauretta. Lästern Sie nicht, Tinto, wo ich entschuldige, wo ich mehr auf mich lade, als auf ihn. Sie sagten einst, der junge schöne Mann würde mir doch nicht so schnell gefährlich werden. Er wurde mir's. Ich wurde zu vertraut mit ihm, und der Mensch ließ ihn den Kardinal vergessen.

N 5

Tinto. Sie entschuldigen ihn? Sie, Laurette? O doppelt glücklich sind Ihre Aeltern, das
nicht gehört zu haben, was ich hörte! Im Grabe
würden sie sich umkehren. Laurette kann den Verführer beym Tode ihrer Aeltern im Herzen behalten? Wie muß er Sie eingenommen haben?
Wie muß er Ihre Gesinnungen umgestimmt haben, daß eine solche kindliche Liebe sich in Gleich-
gültigkeit verwandeln können? Kalte Tochter!
deine Aeltern sind kaum im Grabe, und du klagst
nicht allein nicht mehr, du findest Wollust an deinen Sünden?

Lauretta. Ja, ich fühl's! Mir fehlte nur ei-
ner, der mir sagte, welch ein Ungeheuer ich bin.
Sie haben Recht. Kampano und Gabriele sind
vergessen, als ob sie nicht meine Aeltern wären.
Ich habe um sie geweint, aber nicht wie ich sollte.
Ihre Liebe wirkt nichts mehr auf mich. Mit der
Unschuld ist dieser süße Trost dahingegangen. Ich
will noch einmal ihrem Grabe mich nähern. Ich
will mich dort niederwerfen. Ich will ihre Seelen aus den Wohnungen der Seligen herabziehen.
Sie sollen mir sie wiedergeben, meine Unschuld.
Ein Fehltritt wird sie ja nicht auf immer dahin-
genommen haben. Ich fange an zu fühlen, Tinto;

was ich verloren habe.   Die Vergebung meines
Fehlers.   Hätten sie diese Beide über mich ausge-
sprochen, so wäre ich ruhiger.   Ich will sehen, ob
ich's von ihrer Asche erlangen kann.

(ab.)

Tinto.   Wie viel vortrefliche Entdeckungen
auf einmal!   Das Mädchen ist verliebt, hat Temperament, so viel, daß der Tod ihrer Aeltern das
Andenken an den schönen Kardinal, und vielleicht
an den schönen Augenblick nicht einmal vergessen
machen kann.   O du schöne Chimäre Tugend!
Bey dieser hätte man dich unwankbar geglaubt.
Und dahin bist du — leichter dahin, als bey einer verschmitzten Kokette.   Saubre Eminenz! Ey!
ey! Das brauchte also Tinto nicht zu wissen? und
sollte dennoch das Gut herausgeben — und das
Equivalent erst erwarten.   Und Ew. Eminenz hatten doch schon geschmaußt, und wie es den Anschein
hat, königlich geschmaußt, geschwelgt mit der himmlischen Laurette.   Meynen Sie etwa, ich gäbe nicht
wieder das Gut darum zurück, diese erste Frucht
gehabt zu haben?   Freylich mußt du dir das vergehen lassen, Tinto.   Daß sie aber einst noch einmal mein werden wird, daran verzweifle ich nun
nicht.   Ew. Eminenz werden aber schwerlich wie-

der Freude an ihr finden.   Ich müßte kein Men-
schenkenner seyn, wenn ich nicht so viel Haß als
Liebe hervorzubringen im Stande wäre.   Aber
eine Person von Ew. Eminenz Verdiensten müssen
wir an Dero Stelle parat halten, denn des Mädchens Temperament zu unterdrücken, das wäre
ewig schade. Morgen also nach Rom, um den
Fang zu thun.   O Tinto! wärst du doch schön.
Aber mit der Ourangoutang-Physiognomie, und
den verschiedenen Auswüchsen.   Laß dich den Teufel nicht blenden, bleib beym Geldkasten, und suche
da dein Heil.

Th: I. Seite 228.

Kirchhof in Pisa.

Laurette, (auf dem Grabe ihrer Aeltern sitzend.)
Hernach Tinto.

Lauretta.

Ich habe gebetet, und habe geweint. Aber Beten und Weinen war wie ein Traum verschwunden. Ich habe mir Rampano und Gabrielen vorgestellt, und sie lächelten. Ich habe starr auf ihre Gräber gesehen, um in ihnen sie zu erblicken, und sie lächelten. Ist dieses Lächeln Trost? Soll es mir Verzeihung bedeuten? O daß ich nur ein Wort, nur ein einziges Wort von euch hörte, daß ihr nur einmal mir erschienet, und ich nicht dieses Lächeln auf meine Einbildungskraft rechnete! Habe Mitleiden, gütige Vorsehung! Nein — ich kann nicht mehr beten. Ihr schlaft sanft, theure Aeltern, ihr habt Ruhe, aber eure unglückliche Laura hat sie nicht. Ich will zu ihm, ich will die Sünde von ihm verziehen haben, die ich mit ihm beging. Kann er es nicht, so mag er den heiligen Vater darum bitten — Die Sünde sag' ich — und mein Herz widerspricht. Und der Trieb, sie wieder zu begehen, liegt in mir — und verläßt mich an dieser heiligen Stelle nicht. (Sie erblickt Tinto.) Kommen Sie, verbergen Sie mich) Elende vor mir selbst.

Tinto. Ich bringe Ihnen Trost, Lauretta. Wie Sie von mir gingen, sahe ich Ihren Vater.

Lauretta. Sie sahen ihn, Tinto?

Tinto. Ja. In der Gestalt eines Verklärten kam er zu mir. Er sahe mich lange an, dann sprach er: „Ich habe die Ruhe gefunden, die ich so lange suchte. Ich bin glücklich mit meiner Gattin. Laurette wird es auch seyn, seyn Sie ihr Vater!"

Lauretta. Das sollen Sie auch seyn. Hier an eurem Grabe, unvergeßliche Aeltern! hier gelobe ich's, ihn zu meinem Vater anzunehmen, und in allem zu folgen, was er mir sagt. Und nun noch einen Kuß auf eure Asche.

(Sie küßt den Grabhügel zweymal, und geht mit Tinto ab.)

Rom.

Palast des Fürsten.

Der Fürst. Tinto.

Fürst.

Können Sie denn des Kardinals Geschäften noch so viel abbrechen, daß ein andrer Freund Sie auch einmal sieht? Wie machen Sie es, daß selbst, die Sie hinten an setzen, Ihnen gut bleiben? und warum kann ich nicht böse auf Sie seyn, wenn schon ein halbes Jahr verflossen, seitdem Sie keinen Fuß hieher setzten?

Tinto. Ich verdiene Ihre Vorwürfe ganz. Aber späte Reue, Ew. Durchlaucht, bleibt immer Reue, wenn sie schon der frühern Werth nicht hat.

Fürst. Keine Entschuldigung. Ihre Wirkungskreise erfordern oft halbe Jahre. Sie gleichen dem Zirkelgange der Planeten, die, so langsam sie uns zu laufen scheinen, doch an Ort und Stelle kommen. Wenn Tinto ein Ziel einer Un-

ternehmung geſetzt, ſo wankt er nicht von ſeinem
Wege. Das haben wir aufs neue an der ſchönen
Piſana geſehen. Der Kardinal iſt ein glücklicher
Mann.

Tinto: Die Entdeckung kömmt wohl von Seiten der Medina —

Fürſt. Nennen Sie mir nur den Namen
nicht. Trauen Sie mir nur nicht zu, daß ich
mit dieſer Verworfnen anders ein Wort reden
würde, als wo Nothwendigkeit und Anſtand mein
Ja oder mein Nein erfordern. Man iſt bey ihr
ſeines Lebens, ſeines Beutels und ſeiner Geſund-
heit nicht ſicher. Sie opfert zweyen Götzen, der
Wolluſt und dem Geize, und die Giftmiſcherey
muß ſie in Pacht genommen haben, denn es trägt
ſich kaum ein ſo trauriger Fall in Rom zu, ohne
daß ſie dabey die Hand im Spiel hätte. Wenigſtens iſt ſie dafür ausgeſchrieen, und der Ruf kann
einen wohl ſchüchtern machen. Mich dauert die
Piſana nur.

Tinto. Und warum die gerade? Ew. Durchlaucht ſind ſonſt um das Schickſal von Buhlerinnen
nicht ſehr bekümmert.

Fürſt. Sie iſt aber die ſchönſte, die ich geſehen, und zur wirklichen Venuspriesterin eingeweiht, würde sie der Hauptstadt Italiens Ehre machen.

Tinto. Diesen Glanz Rom zu geben, käme wohl nur auf Ew. Durchlaucht Willen an.

Fürst. Also ein Vorschlag. Nun, daß Pater Tinto so ganz umsonst zu mir gekommen seyn sollte, vermuthete ich gleich nicht. Aber wenn der Kardinal ihrer schon überdrüßig ist —

Tinto. Das müßte wunderbar zugehen. Er genoß sie nicht mehr als Eine glückliche Nacht. Der Zufall entriß sie ihm. Sie ist in Pisa. Er brennt vor Verlangen nach ihr, und sie soll keinen seiner Augenblicke ihm wieder süß machen.

Fürst. Davon wäre die Consequenz, daß er's mit dem Freunde Tinto verdorben. Wohlan, für eine Laurette läßt sich wohl etwas wagen, und vor dem Kardinal muß Tinto mich sichern.

Tinto. Ew. Durchlaucht müssen aber nach Pisa reisen.

Fürst. Schon recht. Instruiren Sie mich nur von allem, was ich zu thun und zu lassen habe.

Tinto. Ew. Durchlaucht dürfen mit Ihrer Liebenswürdigkeit nur einen Anstrich von zärtlichen Empfindungen verbinden. Dann Zurückhaltung — denn das Mädchen ist kraß tugendhaft —

Erster Theil.　　　　　O

Fürst. Ich will mich zu nehmen suchen. Aber wie in aller Welt konnte die Tugend stolpern?

Tinto. Den ersten Schritt erleichterte der Kardinal, aber den zweiten, das versichere ich Ew. Durchlaucht, den zweiten bewirkt das Temperament ganz allein. Sie wird Ihnen gewiß auf halbem Wege entgegen kommen.

Fürst. O das liebe ich sehr. Ich sehe schon im Geiste voraus, Laurette wird mir angenehmer werden, als alle Damen Roms. Eine Gewissensfrage: Haben Sie etwa schon einen Kuß erhalten?

Tinto. Durchlaucht! Ich bin ihr Vater, sie ist meine einträgliche Tochter.

Fürst. Gut! gut! Ich habe den Pater Tinto immer trotz seiner verunglückten Gestalt im Verdacht. Aber freylich väterliche Behandlung —

Tinto. Noch eins, Fürst. Lassen Sie sich's nicht befremden, wenn Sie in Pisa nicht zum Zweck kommen. Der noch nicht vergessene Tod ihrer Aeltern, die Anhänglichkeit für den Kardinal, die Freundschaft für die Medina, die sie für die keuscheste Vestalin hält —

Fürst. (lacht.) Das ist ein Effekt, den die Gräfin wohl zeitlebens nicht für möglich gehalten hätte.

Das muß sie ins Register der Seltenheiten eintra-
gen. Weiter! —

Tinto. Diese Umstände machen es nothwendig, daß sie Roms Luft erst wieder einhaucht, die
Gräfin und den Kardinal verachten lernt —

Fürst. Schon genug! Nun seh ich die ganze
Karte durch — Bravo — Ich stimme in alles.

Tinto. So reise ich vorweg, bereite die liebe
Taube vor, und erwarte Sie —

Fürst. Ganz gut, ich werde nicht säumen.

(Tinto ab.)

Ich habe den Kardinal lange um das Mädchen beneidet. Wenn ich sie aber auch besiege, wie lange
werd' ich sie schön finden? Zur Standhaftigkeit
bin ich wahrhaftig nicht geboren.

(ab.)

Pisa.

Laurettens Wohnung.

Tinto. Lauretta.

Tinto.

So ist's, Laurette, wir saugen falsche Begriffe von der Tugend ein. Insbesondre ist Ihr Geschlecht dem ausgesetzt. Berauschung der Sinne nimmt unserer Seele den freyen Willen, und läßt unsern Körper spielen, welches Spiel er will. Dadurch verschlimmern wir uns weiter nicht; denn die Sinne wurden uns zum Genuß gegeben. Wer sie zu brauchen weiß, um sich Freuden zu schaffen, die Andern nicht schädlich sind, der wendet sie zweckmäßig an. Ihre Freuden mit dem Kardinal sind Ihnen nicht schädlich gewesen. Ihren Aeltern wären sie schädlich gewesen, weil sie ihre Ruhe gestört hätten. Dem Schaden hat der Himmel abgeholfen, und dadurch Sie von dieser Schuld befreyet. Des Kardinals Schuld bleibt. Er that Ihnen durch den Schaden, den er Ihren Aeltern that, immer zu viel.

Lauretta. Ihn aber berauschten Sinne, wie mich —

Tinto. Das ist der Zankapfel unter uns; daß sie ihn berauschten, gebe ich zu — daß aber Ihre Verführung vorher bedacht und bestimmt war, das bin ich auch überzeugt —

Lauretta. In welches gehässige Licht setzen Sie da den Mann, den ich liebe!

Tinto. In kein gehässigeres, als er es verdient. Ich fürchte, die Gräfin Medina ist im Einverständnisse gewesen. Ich fürchte, der ganze Plan, mich zum Mittelsmann bey Ihres Vaters Verlust zu gebrauchen, war auf Sie angelegt; ich fürchte sogar, er hat mit jenem bösen Buben Saldezzino Verbindung. Dann, Laurette, ist der Kardinal gerade der Mann, den Sie nicht lieben dürfen. Lieben Sie meinetwegen alle Männer der ganzen Welt, nur den nicht, der Sie verführte.

Lauretta. Tinto! Ich muß nach Rom, muß dieses Geheimniß entwickeln, muß sehen, wie die Gräfin mich aufnimmt. Ich fürchtete diesen Schritt. Ich hatte ihn schon ganz aufgegeben, schon fest beschlossen, ich wollte von dem mir so werth gewordenen Geschwisterpaar mich trennen, und

einsam mein Leben verweinen. Jezt will ich's
anders.

Tinto. Das wollt' ich Ihnen auch sehr rathen. Mich selbst benebelte der unerwartete Tod
Ihrer Aeltern, meiner so lieben Freunde, auf einige Zeit. Ich zürnte ungerecht auf Sie, denn
Leidenschaft wirkt immer übers Gefühl hinaus.
Jede Minute verschlingt ein kaum merkliches
Körnchen der Traurigkeit, aber viele zehren sie
endlich ganz auf. Ich will als Vater Sie nach Rom
begleiten. Meine Pflegetochter soll mir Ehre machen. Bey der ersten Zusammenkunft aber mit der
Medina will ich nicht seyn, denn jeder Verdacht
würde mir von Ihnen schrecklich seyn.

    (Ein Bedienter tritt ein, und sagt Tinto leise et-
     was.)

Tinto. Laurette! Der Fürst aus Rom ist da,
und will mich besuchen. Erlauben Sie, daß ich
ihn hier empfange?

Lauretta. Der Vater braucht die Tochter nicht
zu fragen. (Tinto winkt der Bediente ab.) Bin ich
zur Last, so gehe ich.

Tinto. Nichts weniger. (Der Fürst tritt ein.)
Willkommen in Pisa, Ew. Durchlaucht. Hier

stelle ich Ihnen Lauretten Kampano, die Tochter
Ihres ehemaligen Freundes, vor.

Lauretta. Kannten Ew. Durchlaucht meinen
Vater?

Fürst. Nur als meinen Lehrer. Die letzte
Zeit seines Aufenthalts in Rom beschäftigte er sich
viel mit mir als Knaben. Ich dank' ihm manches, was ich gelernt. Und ich freue mich, in seiner Tochter einen Engel zu finden, und würde mich
noch mehr freuen, wenn ich ihr nur in etwas vergelten könnte, was er für mich that. Aber wenn
ich mich nicht irre, sah ich Sie schon bey der Gräfin
Medina. Und habe ich nicht falsch gesehen, so
sind Sie die schöne Laurette aus Pisa, die so viel
Aufsehen machte, die man so sehr vermißt, die
alle Zirkel, in denen sie war, so gern wieder zurück
hätten.

Lauretta. Wenn das ist, Ew. Durchlaucht,
so hab' ich es gewiß meinen Protektionen, nicht
mir selbst zu verdanken, daß man meine Abwesenheit bemerkt.

Fürst. Sehr bescheiden. Wie gefiel Ihnen
Rom? Werden Sie zurückkehren, und Viele wieder fröhlich machen, die jezt trauern?

Lauretta. Wie Rom mir gefallen, kann ich

selbst nicht sagen. Der erste Eindruck trügt. Zurückkehren werd' ich. Ob aber so vergnügt seyn, wie ich war, da ich hier verloren, dort viel verlieren kann —

Tinto. (heimlich zu ihr.) Verrathen Sie sich doch nicht, Laurette! wer wollte das Herz stets auf der Zunge haben!

Fürst. Ich nehme außerordentlich viel Antheil an Ihrem Schicksale, Laurette. Ich wünschte, Sie schenkten mir Ihr Zutrauen. Vielleicht könnte ich zu Ihrem Vesten etwas thun.

Tinto. Ew. Durchlaucht gelten viel bey Sr. Heiligkeit, Laurette, und da es sehr wahrscheinlich ist, daß Ihr bisheriger Beschützer nicht viel mehr für Sie wird thun können, so nehmen Sie immer meinen väterlichen Rath an, sich die Freundschaft Ew. Durchlaucht zu erhalten.

Lauretta. An eine Pflicht, die ich ohnedem kenne, brauchen Sie mich nicht zu erinnern. Ein Freund meines Kampans muß auch meine ganze Achtung haben. (mit einer Thräne im Auge) Ich will aber Ihre Beschäftigungen jezt nicht stören.

(Sie entfernt sich.)

Tinto. Sehen Sie, wie ihr die Augen voll Wasser wurden, da ich ihr ihren Kardinal verdäch-

tig machte! O, er hat sich in dieses Herz so ein-
zuschleichen gewußt, daß nur die Disposition, die
ich dagegen gemacht, ihn herausreißen kann.

Fürst. Und dem Kardinal kann ich's nicht
wohl verdenken, wenn er um ihrentwillen den Ansprüchen auf den Himmel entsagen möchte. Und
um diese erste Nacht könnte ich ihn morden, wenn
es möglich wäre, sie ihm dadurch ungenossen zu
machen. Hat er sie noch nicht in Trauer gesehen,
Tinto, so wagen Sie immer sehr viel, sie vor ihn
kommen zu lassen, wenn Sie sie ihm entreißen
wollen; mir würden Sie sie nicht mehr entziehen,
und arbeiteten Sie nicht für mich, so würde ich
Ihren Hindernissen Unmöglichkeit in den Weg zu
legen suchen.

Tinto. Rache, Ew. Durchlaucht, ist süß, und
an diesem kann ich sie nicht süß genug nehmen. Ich
sage Ihnen keine Unwahrheit, daß Laura die vier-
zehnte Schönheit ist, die ich ihm zuführe. Waren
sie nicht alle von Laurens Werth, so waren sie doch
Gegenstände, die sein ganzes Blut in Wallung
setzten, und ihm entzückend schienen. Nur angenommen, daß jede einmal seine Wünsche ganz erfüllt hat, so war er vierzehnmal durch mich im
Himmel, und was bin ich dafür? Pater Tinto,

der ich war. Himmelswonne sollte wenigstens
mit Erdenseligkeit belohnt werden, und seine paar
Zechinen können mir die nicht geben. Noch würd'
ich alles ertragen haben, denn ich war ihm in der
That sehr gut, aber Offenherzigkeit und Zutrauen
muß mir niemand entziehen, für den ich mich auf-
opfere. Laurettens Genuß wollte er mir verhehlen. Erst durch sie selbst erfuhr ich ihn. Glauben mir Ew. Durchlaucht, hätte er mir seine Wonne
geschildert, seinen Triumph in freundschaftlichen
Augen mich lesen lassen, hätten seine Arme zum
Danke dafür mich umschlungen, er hätte sie behalten sollen, und ich hätte keine Belohnung gewollt;
aber Kälte, Herabsetzung — das sind Pater Tin-
ta's Antipathien.

Fürst. Da wird Ihnen niemand Einwendun-
gen machen — doch aber weiß ich, daß Pater
Tinto eben kein Feind vom Golde ist, und einen
Beutel Zechinen, wie diesen hier, anzunehmen,
mir nicht abschlagen wird, der keineswegs die Bekanntschaft mit Lauretten bezahlen, sondern ihm
nur zeigen soll, daß ich den Werth derselben zu
schätzen weiß. Uebrigens versichre ich Ihnen, daß,
wenn Sie mich in des Kardinals Himmel führen,
ich Ihnen mit den offensten Armen entgegen kom-

men, und Sie die ganze genoſſene paradieſiſche
Wonne in meinen Augen leſen werden.

Tinto. (nimmt den Beutel lächelnd.) So etwas
ausſchlagen, hieße ſich ſelbſt nicht der Nächſte ſeyn
wollen. Ueberhaupt bleiben mir außer dem Gelde
wenig Quellen zur Seligkeit übrig. Ich bin in
dem Falle, alles mit Golde aufwiegen zu müſſen,
was Andern Vorzüge und Verdienſte verſchaffen.
Ich ſehe einer Zukunſt entgegen, die äußerſt traurig ſeyn würde, wenn ich mich nicht darauf vor-
ſähe, mir durch dieſes Metall Bequemlichkeiten
zu erzwingen. Meine Laufbahn wird ſich ſchwerlich weiter erſtrecken, da der Kardinal es für gut
zu halten ſcheint, mich in meiner kleinen Sphäre
zu laſſen. Jezt, da ich vollends mit ihm breche,
iſt nichts für mich zu erwarten. Die Brüder
meines Ordens, die mich darin bildeten, fanden
meinen Kopf zu gut für Wiſſenſchaften, und wand-
ten ihn alſo auf Intriguen, und da ich dieſe nie für
mich, ſondern immer für Andere ausarbeiten lernte, ſo iſt es mir zur andern Natur geworden, an
jeder Intrigue, die ich ſchön angelegt ſahe, Theil
zu nehmen. Das kann mir einmal übel bekommen, mich ganz aus dieſem Fache herausſetzen, und
es würde mir dann wie vielen meiner Amtsbrüder

gehen, die froh sind, wenn sie unter tausend Herabwürdigungen von denen das Gnadenbrod erhalten, deren Glückseligkeit sie gründeten, oder doch dazu beytrugen. Aber verzeihen Ew. Durchlaucht, daß ich Sie so lange von mir selbst unterhalten habe.

Fürst. Wenn alle Menschen so unparteyisch von sich selbst sprächen, wie Sie, so würde man jeden gern seinen Panegyriker seyn lassen. Jezt will ich aber gehen, um Lauretten allen Verdacht zu benehmen; suchen Sie ihre Abreise nach Rom zu beschleunigen.

Klostergarten vor Pisa.

Bedeckter Gang in demselben. Aussicht auf das Kloster.

Lauretta. Der Fürst, (auf= und abgehend.)

Lauretta.

Es scheint, ich werde es bereuen müssen, gegen Ew. Durchlaucht offenherzig gewesen zu seyn. Wüßte Pater Tinto es, ich hätte lange einen Verweis. Sie wollen mich auf Proben setzen, die ich auszuhalten zu unerfahren bin.

Fürst. Und wie ließe sich das auslegen? Ich rede blos von dem Fall, wenn der Kardinal nicht in dem Lichte bleiben sollte, in dem er steht. Bleibt er der Edle, nur zu leicht zu entschuldigende, weil Ihr Anblick ihn in den Augen der ganzen Welt entschuldigen muß, nun dann ist's billig, daß Ihre ganze Anhänglichkeit ihm bleibt.

Lauretta. Nur dehnen Ew. Durchlaucht diese nicht weiter aus, als sie nach den strengsten

Gesetzen der Tugend auszudehnen ist, die ein Fehltritt darum noch nicht vernichtet.

Fürst. Sie vergessen immer, daß der Fehltritt nur auf des Kardinals Seite Fehltritt ist.

Lauretta. Das wollen Sie, und das will
Pater Tinto mir immer beweisen, und ich fühle
mein Herz und meine unbesiegbare Eigenliebe nicht
abgeneigt es zuzugeben. Aber ein innerer Widerspruch kämpft doch gewaltig dagegen. Indessen
angenommen, er ließe sich bey mir entschuldigen,
da Sie einmal der Natur so viele Rechte über Gefühl, Erziehung und Grundsätze zugestehen, so
sehen Sie doch wohl ein, daß um des Kardinals
willen diese Neigung nur Seelenneigung bleiben
kann.

Fürst. Und wenn sie um des Kardinals
willen das bleiben müßte, glauben Sie, daß Sie
glücklich dabey seyn würden, und glauben Sie, daß
ein Mann, der nicht Infallibilität an sich trägt,
gleichgültig bey Ihrem löblichen, aber strengen
Entschlusse seyn würde?

Lauretta. Sehen Sie die Aussicht vor uns.
Die könnte mich und ihn schützen.

Fürst. Das heißt Sie und ihn begraben.

Ihn in ewige Unzufriedenheit, Sie in ewiges Schmachten. Ein schöner Himmel auf Erden!

Lauretta. Schmerzhafte Arzney; aber doch immer Arzney, weil, so bitter sie schmeckt, sie das Uebel hebt.

Fürst. Sie nennen den Genuß das Uebel, der gerade nicht in diese Rubrik gehört.

Lauretta. Ihre Grundsätze sind so verführerisch, daß ich um meiner Ruhe willen Sie bitten muß, sie ganz als Ihr Eigenthum zu betrachten, und mich nicht daran Theil nehmen zu lassen.

Fürst. In der That sollte ich mich auch eigentlich hüten, dem Kardinal so sehr das Wort zu reden. Aber drehen Sie den Fall um. Nehmen Sie nun, daß Ihre Aufopferung prämeditirt war, nehmen Sie, daß Sie, wie Sie sagen, den Kardinal hassen könnten, so fiele doch wohl nicht weg, daß ein Andrer Ihre Liebe verdienen dürfte?

Lauretta. Ich bitte, Ew. Durchlaucht. Wie gesagt, Ihr Scherz trifft ein Mädchen, das zu einfältig ist, ihm zu entsprechen. Haben Sie wenigstens Mitleiden mit meinen Schwachheiten.

Fürst. Ich verehre sie; aber Sie müssen auch nicht unbillig seyn. Man nimmt Theil an

Ihrem Schicksale, hört Ihre Klagen über Ihr
Temperament, Ihre Liebe, und die unglückliche
Wahl Ihres Herzens mit an, man fühlt, man
möchte Gott seyn — nur auf einen Augenblick es
seyn, um Ihre ganze Trauer in Freude zu wan-
deln; — aber dafür sind Sie in der That die Ver-
geltung schuldig, daß Sie Mitleiden haben müssen,
daß diese unglückliche Wahl Andere mit unglücklich
macht, daß Sie anhören müssen, wie Andere ohne
Hofnung doch für Sie fühlen, und aufrichtiger
fühlen, als vielleicht der Gegenstand Ihres Herzens — wenigstens mit einem Rechte —

Lauretta. Mit einem Rechte, sagen Sie?
Welches Recht könnte das seyn?

Fürst. Laurette! das Recht, daß keine Gelübde uns binden. — Sie seufzen! Wie sehr,
himmlisches Mädchen, zeugt das von Ihrem Gefühl! Wenn er es doch werth wäre, einen solchen Seufzer zu verdienen! — so eifersüchtig ich
auf ihn bin, ich wollte ihn doch ihm gönnen. —
Aber wenn er es nun nicht werth ist, auch dann
soll ich nicht hoffen? Auch dann soll sie vor mir
vorübergehen, die Glückseligkeit, die vielleicht mein
hätte werden können? — Doch vielleicht bin ich gerade Ihnen unausstehlich?

Lauretta. Warum wollen Sie aus meinem Munde etwas pressen, was ich vor meinem eignen Herzen noch nicht verantworten mag. — Sie sind grausam, Fürst!

Fürst. Das wollte ich nicht seyn. Auch will ich Sie verlassen, wenn Sie es wünschen —

Lauretta. Wenn ich bitten darf — ja — Nicht, als ob mir Ihre Gesellschaft nicht länger angenehm wäre, sondern weil Sie mich zu Thränen zwingen würden, wenn Sie länger blieben, und ich habe Ihnen schon zu oft vorgeweint.

Fürst. Wären Thränen nicht Zeichen der Leiden, so wären selbst Laurettens Thränen angenehm. Ich gehe — nur noch eins versprechen Sie mir. Gehen Sie bald nach Rom, um das für mich so schreckliche Geheimniß zu entwickeln.

Lauretta. Ja, und ich werde morgen reisen.

(Er küßt ihr die Hand, und geht ab.)

Ja, das schreckliche Geheimniß! für mich es so sehr, wie für dich. O Herz! Herz! was soll aus dir werden? Du glaubtest mit unwandelbarer Treue am Kardinal zu hängen, und schon hat dieser sich wieder hineingeschlichen. Oder soll das Temperament seyn, wovon diese Beide nicht auf

Erster Theil. P

hören, mit mir zu reden. Unglückliches Geschenk
der Natur! Bist du da, um jedem Begriffe zu
widersprechen, der in mir aufgekeimt, und durch Erziehung fest geworden war? Soll ich durch dich
zu Grunde gerichtet werden? Ha! wie das
schwankt! Der Kardinal und der Fürst! Der erste,
gewiß ohne Rechte auf mich, mein Verführer —
der zweite, mit Rechten auf mich, mit dem Be-
wußtseyn meines Fehltritts, so liebevoll — und
dabey noch so gerecht gegen meinen Verführer! —
O er ist sehr edel! — Aber ich will auch dahinter
kommen, und ist der Kardinal vorsetzlicher Räuber meiner Unschuld, so sey er verbannt — hin-
weggerissen aus dem Herzen, und sollte die Wunde
nie wieder heilen!

    (Sie wirft sich auf eine Rasenbank, und schlum-
      mert ein. Der Fürst geht leise hinzu, küßt sie, und
      entfernt sich.)

Anderer Gang des Gartens.

Tinto (geht spazieren.) Der Fürst (eilt auf ihn zu.)

Fürst.

Ich habe sie geküßt, Tinto! Schlummernd hab'
ich sie geküßt! Zum erstenmal diese Wonne gefühlt!
O! wenn ich sie erst wachend fühlen werde! Und
morgen, Tinto, morgen geht's nach Rom. Und
in wenig Tagen ist mein Schicksal entschieden, und
wie Sie versichern, glücklich entschieden.

Tinto. Ganz gewiß glücklich entschieden. Aber
nehmen Sie Ihren Zeitpunkt wahr. Seyn Sie
ja nicht abwesend, wenn Laurette von der Gräfin
zurückkehrt. Das ist der Augenblick, wo der Sieg
gewiß ist. Für alles übrige brauchen Sie nicht zu
sorgen. Jede Gefahr und jedes Hinderniß räume
ich.

Fürst. Und was mach' ich denn aus Ihnen,
wenn Sie das alles glücklich vollenden?

Tinto. Aus mir, Fürst, kann nur ein Kardinal etwas machen. Lassen Sie mich nur Ihren
Freund bleiben, so hab' ich denn doch auf gefährli-

che Fälle eine wichtige Stütze, und die sind bey mir
stündlich bevorstehend.

Fürst. Ja, Tinto, in der Reihe derer sollst
du oben an stehen. Ist gleich Beständigkeit meine
Tugend nicht, so ist doch Undank auch keins meiner Laster.

Tinto. Die erste erwarte ich auch nicht von
Ihnen, und gerade eine solche Denkungsart gehörte dazu, um aus Lauretten das zu machen, was
ich aus ihr haben will.

Fürst. Kommen Sie, wir müssen sie wecken.
Auf dem feuchten Rasen schläft sie zu gefährlich.
Es könnte ihrer Gesundheit schaden, und ich muß
sie mir gerade so frisch erhalten, wie sie da ist.

(Beide ab.)

Rom.

***

Palast der Gräfin Medina.

Gräfin. Lauretta.

Gräfin (etwas gezwungen.)

Warum, liebe Laurette, sollte ich Sie nicht eben so sehr lieben? Einmal bin ich nicht so bei gott, Schwachheiten jemanden zuzurechnen, und dann, muß ich Ihnen aufrichtig gestehen, zähle ich auch Ihre Sache nicht einmal dahin. Wenn ich mit Ihnen von Tugend sprach, so gehörten eine redliche Freundschaft, rechtschaffne Offenherzigkeit, nützliche Handlungen, keinesweges aber solche Galanterien dahin.

Lauretta. Dergleichen hörte ich doch nie von Ihnen, theuerste Gräfin.

Gräfin. Sehen Sie, Kind, Sie hatten die Freuden der Liebe noch nicht geschmeckt, und das ist der Fall, wo man zurückhaltend seyn muß. Nicht wegen des Vorurtheils, als wenn das wider

P 3

die Sittlichkeit wäre, sondern weil man keiner die Freude der Ueberraschung verderben soll. Jezt kennen Sie sie. Jezt können wir ganz offen dar= über sprechen, denn wir sind uns gleich.

Lauretta. So verehrungswerth mir im= mer Ihre Güte ist, Gräfin, so muß ich gestehen, der Ton befremdet mich etwas, und ich hätte nicht erwartet, so schnell Verzeihung zu erhalten.

Gräfin. Was ist da zu verzeihen? Nur ein Umstand, bestes Mädchen, ist übel dabey.

Lauretta. Wie so, Gräfin? Erklären Sie sich. Schonen Sie meiner im geringsten nicht.

Gräfin. Es war unbesonnen vom Kardinal, daß er Sie in seinen Palast mitnahm. Dieses hat zu einer Persiflage Anlaß gegeben — Wäre es hier geschehen, so hätte kein Mensch etwas er= fahren. So ist's in manchen Häusern —

Lauretta. Also mein Ruf dahin! Ich ge= brandmarkt —

Gräfin. O weh! welche Ausdrücke! Man hört's, meine Beste, daß Sie wieder einige Wo= chen in Pisa gewesen. Lassen Sie das ja niema= den hören. Das ist nichts weiter, als daß ein paar Mäuler sich lustig machen. Sie werden dem Uebel gleich abhelfen. Meinen Bruder, wenn

er auch wollte, muß ich abhalten, für Sie etwas
zu thun; sein Kredit bey Sr. Heiligkeit könnte dadurch ganz zu Grunde gehen.   Unter jemandes
Schutz müssen Sie sich aber doch begeben.   Sie
kennen den Herzog.   Mit diesem habe ich Ihrentwegen gesprochen.   Und in der That,   er nahm
meinen Antrag mit anscheinendem großen Vergnügen an.

Lauretta. In der That, gnädige Gräfin, ich
verstehe Sie ganz und gar nicht.

Gräfin.   Freylich, Kind, weiß der Kardinal
sich verständlicher zu machen. Weil ich's Ihnen
also deutlicher sagen muß, so wissen Sie, auf den
Fuß, wie Sie bey mir gelebt haben, können Sie
nicht fortleben. Man weiß, Sie haben sich dem
Kardinal ergeben.   Sie gehören nun unter die
galanten Damen Roms. Sie kennen verschiedene
Fürstinnen, Gräfinnen, Markisen, deren Beschützer und respektive Liebhaber ich Ihnen auch
genannt. Sie werden des Herzogs Gellebee, er
schafft Ihnen einen Titel, und Sie brilliren mehr
als vorher. Er nimmt Sie noch dazu gern
an.

Lauretta. In der That, nimmt er mich gern
an? Wahrhaftig, Gräfin, auf einmal ist's mir

bey Ihnen so hell geworden, daß ich glaube, ich
könnte verblinden. Sie, die tugendhafteste aller
Weiber, können mich so artig verkuppeln? Nein,
gnädige Frau, da erwart' ich doch von Ihrem Bruder etwas andre Vorschläge.

Gräfin. Verlaffen Sie sich auf den nicht.
Ich denke, im ganzen Projekte stand nichts davon, als er um Ihrentwillen nach Pisa schickte.

Lauretta. Er schickte um meinetwillen nach
Pisa? Der Kardinal, Ihr Bruder, ehe ich hieher kam? —

Gräfin. Auch erwähnte er deffen nicht, als
er mir auftrug, Sie zu mir zu nehmen, und mir
meine Rolle zu spielen gab — noch weniger, als
er mir die Freuden der köstlich mit Ihnen durch-
schwelgten Nacht mittheilte.

Lauretta. Gräfin! Sie machen mich unsin-
nig. Ist das wahr? so wie Sie da sagen, wahr?
— O um der Barmherzigkeit des Himmels willen
läugnen Sie es ab —

Gräfin. Ich soll läugnen, was wahr ist?
Halten Sie sich nicht dabey auf — Ihr Entschluß
muß schnell gefaßt werden, sonst zieht der Herzog
wieder zurück.

Lauretta. O laffen Sie ihn in die Verdamm-

niß ziehen, und Sie zur würdigen Begleiterin mit
dahin nehmen. Sie konnten mich so hintergehen,
Sie so sich verstellen!

Gräfin. Wie Sie gesehen haben, Kind. Die
Raserey kleidet Sie recht schön; aber sparen Sie
sie zu künftigen Auftritten. Sie werden sie vielleicht noch einmal im Ehestande brauchen, wenn
der Ihnen glücken sollte. Was soll ich dem Herzoge antworten?

Lauretta. Noch einmal, ist das Ihr Ernst?
Oder hab' ich vielleicht durch unvorsichtige Auf-
wallung Sie in Hitze gebracht? Ist der Kardinal nicht da?

Gräfin. Er ist nicht da, und wird nicht kommen. Was soll ich dem Herzoge sagen?

Laurette. Also wahr! Still — still mein
Herz! — Sagen Sie dem Herzoge, er möchte
die zu seiner Geliebten nehmen, die mich ihm verkuppeln wollen; ich verkaufe mich nicht. —

Gräfin. Nicht so stolz! Wovon wollten wir
denn leben?

Lauretta. Wenn ich einen Beschützer brauche, Gräfin, so wähle ich einen, den ich liebe.

Gräfin. Also wollen Sie den Herzog
nicht?

P 5

Lauretta. Nein! Was braucht's da Worte? Ich verabscheue ihn.

Gräfin. O Sie Unbesonnene! Dachten Sie denn, daß ich ein pisanisches Bettelfräulein in mein Haus genommen, wenn ich nicht Absichten mit ihr gehabt? Glauben Sie, daß ich so gefällig gegen den Kardinal gewesen wäre, mich so lange in Charakter, Einrichtung und Umgang zu verstellen, wenn ich nicht geglaubt hätte, daß Sie mir am Ende diesen Zwang wieder einbringen sollten?

Lauretta. Ich sehe, ich bin da in ein treffliches Complott gefallen. Noch aber zweifle ich daran, daß Ihr Bruder mit Ihnen gleich denkt. Es wäre schrecklich, wenn es so wäre. Er liebte mich gewiß warm, und ich ihn unaussprechlich.

Gräfin. O ja, es giebt der Damen mehr, die einen solchen Kardinal unaussprechlich lieben. Aber daß er Sie liebte, die Idee lassen Sie bey zeiten fahren. Ob Sie in die dreißig oder vierzig gehören, die er so liebte, das kann ich nicht ganz genau bestimmen.

Lauretta. Abscheulich! Also alles vorher wohl bedacht, vielleicht mit Ihnen abgeredet?

Gräfin. Allerdings mit mir abgeredet. So bizarre Erziehung, wie Sie genossen, macht immer mehr zu schaffen; aus dem Grunde erhielten Sie in der Limonade auf dem Ballsaal etwas von meinem unwiderstehlichen Temperamentsfeuer, und das hat den Sieg des Kardinals beschleunigt.

Lauretta. O Gräfin! hätten Sie die unbegränzte Achtung gekannt, die ich für Sie hatte, nimmermehr hätten Sie das an mir gethan. Wer weiß, ob Sie jemals eine so warme Freundin, eine so innige Theilnehmerin an allen Ihren Freuden und Leiden gehabt haben, und haben werden.

Gräfin. Ein Sprüchelchen aus den Zeiten des Alterthums, das in die unsrigen gar nicht mehr paßt. Wüßten Sie nur, wie bey Ihrer Gestalt, bey Ihren wirklichen Vorzügen, und insbesondre bey dem Schritte, den Sie gethan, Ihnen das so barok kleidet. Hätten Sie sich in die Zeitläufte, und in die Lage Ihrer Sachen geschickt, Laurette, dann wäre es vielleicht möglich gewesen, daß wir Freundinnen geworden wären. Geworden wären, sag' ich; vergessen Sie diesen Ausdruck, der die Zukunft betrifft, ja nicht, denn mit der Gegenwärtigen war es so nichts. Denken Sie sich immer die Gräfin Medina als eine der intrikatesten Damen Roms, und fragen Sie, ob ihr Stolz es erlauben könnte, mit einem pisanischen Fräulein

Freundschaft zu knüpfen, die noch dazu die Unschuld
spielen wollte, die in Rom nur verlacht wird? Ob
sie nicht bey jeder Gelegenheit hinter dem Rücken
ihrer ewigen Begleiterin lächelte, von der man
wußte, sie sey den Begierden des Kardinals bestimmt?
Ob sie nicht die Achseln als über ein nothwendiges
Uebel zuckte, wenn man sie darauf ansah, daß sie eine
so klägliche Commission über sich genommen, ihrem Bruder eine wollüstige Fete zu bereiten? Rein
heraus, Laurette, sogar die Verstellung, Ihnen
nur tugendhaft zu scheinen, wurde mir blutsauer.
Wenn Sie mich mit Ihrer beschwerlichen Gesellschaft verschonten, so fiel die Last einer unerträgli-
chen Bürde von mir. Meine Liebhaber haben die
ganze Zeit geseufzet, und Sie tausendmal ver-
wünscht, daß Sie Ihnen so manche Schäferstunde
raubten. Ich lebe frey, nach meiner Neigung,
ohne allen Zwang. Wollen Sie noch dieses Leben mit mir theilen, wollen Sie unter dem Schutze
des Herzogs, den Sie meinetwegen verabscheuen
und an ganz Rom für ihn sich schadlos halten können, sich mit mir zu Freuden vereinigen, die meine
schöpferische Einbildungskraft sich ewig zu erneuern
weiß, so wollen wir unsern Zwist vergessen. Eine
Nacht dem Herzoge, und alles ist geschehen.

Lauretta. Gräfin! ich fühle es jezt in seiner ganzen Stärke, wie sehr Sie mich verschlimmert haben. So listig verbarg sich wohl noch nie ein begränztes Laster in Tugendschein. Sie haben Roms Gift mir in einer süßen Gestalt mitgetheilt. Sie warnten mich für das, was mich verderben sollte, damit ich desto leichter in Ihre Falle fiele. Vergeben, Gräfin, kann ich das, vergessen nicht. Ihre Maske war schön, des Herzogs seine ist abscheulich. Ihre Schönheit verbarg eine Schlange. Den Herzog kann nur ein Teufel entlarven. Wir wollen meine Lage betrachten. Ihre Lehren haben meine Unschuld gestört, Sie haben mich Ihrem Bruder geopfert. Sie werfen mir den Genuß einer Nacht vor, die Sie ohne mein Zuthun bereiteten, deren Schönheit verläugnen zu können, ich nicht Heuchlerin genug bin. Wenn ich Gefühl genug habe, sie mir wieder zu wünschen, so sollen Sie sie nicht bereiten. Auch ständen der Herzog und der Kardinal in zu ungleicher Parallele, als daß ich den Abstand nicht mit dem Verlust des Gefühls, welches ich genoß, erkaufen müßte.

Gräfin. Gelehrig genug sind Sie in der That gewesen. Aber bedenken Sie eins: wenn ich und der Herzog die Hand nicht im Spiel behalten, so

sind Sie verloren. Unser Wollen oder Nichtwol-
len verschließt oder öffnet Ihnen die Zirkel wieder,
in denen Sie waren.

Lauretta. Die meine Glückseligkeit, bey Gott,
so weit nicht bestimmen, als es eine Wahl meines
Herzens thut. Was kümmern mich Ihre glän-
zenden Außenseiten, die jeder aufsteigende Nebel
schwärzen kann. Ein schiefes Gesicht eines Herzogs — dessen Kreatur Sie sind —

Gräfin. Verwegne! Was unterstehen Sie
sich —

Der Kardinal (tritt plötzlich ein.)

Kardinal. Sie hier, Laurette? Und das,
Gräfin, muß ich durch die dritte Hand erfahren?
Und, wie ich sehe, beide erzürnt — wohl gar ver-
uneinigt? Ich will nicht hoffen, Medina, daß
gewisse Dinge nicht etwa durch mein Betragen gegen Sie, sich noch um nichts verändert hätten.
Sollten Sie Lauretten Vorschläge, sollten Sie ihr
zu viel gethan — sollten Sie sie gar gemißhandelt
haben, so würden Sie gewiß Ursache haben, das
sehr zu bereuen.

Lauretta. Erlauben Ew. Eminenz mir nur

wenige Worte. Sind Sie schuldig, so wird Ihr
Zorn gegen die Gräfin Ihre Sache um nichts ver-
bessern, sind Sie unschuldig, so verdient sie auch
kein Wort, das Sie um ihrentwillen verlieren.
Wenn Sie schon, ehe Sie mich sahen, meinetwegen nach Pisa schickten — wenn alle Folgen, die
die Gräfin hieraus mir auf mein Schicksal deutlich
gemacht, wahr sind, wenn Ihr kühlender Traum
zum Unsinn mich vergiftete —

Kardinal. (wirft sich ihr zu Füßen.) Laurette!
Vergebung!

Lauretta. Also wahr! Schon einmal, Ew.
Eminenz, lagen Sie so vor mir, und ich vergab
gern, vergab recht von Herzen. Aber da glaubt'
ich, sehen und lieben wäre eins gewesen, glaubte
nicht, daß Sie geliebt hätten, ehe Sie sahen, geliebt, die bloße Wollust der Befriedigung, weil
Sie hörten, ich sey schön. Da dachte ich, es
wäre das Feuer der Zärtlichkeit die Ursache unsers
beiderseitigen Verbrechens gewesen, nicht, daß
bey Ihnen vorherbestimmte Verführung, bey mir
gewaltsam erregte Leidenschaft die Gründe wären.
O wie fällt jetzt die Wonne aller jener Empfindungen zurück!

Kardinal. Und nichts — nichts könnte das

wieder gut machen? Nichts in der Welt wäre
fähig, mir die Liebe meiner Laura wieder zu erwerben? Wenn ich nun meine ganze Lebenszeit
Ihnen widmete, wenn ich Ihnen sage, daß zwar
anfangs Wollust mein Trieb war, daß sie sich
aber zur heißesten Leidenschaft umgeschaffen, daß
Sie mir zu viel thun —

Lauretta. Ich kann Ihnen nicht zu viel thun,
Kardinal. Sie haben mich um eine doppelte Seligkeit gebracht. Einer entrissen Sie mich, da Sie
mich meinem väterlichen Hause und der Unschuld
entrissen, da Sie in meinen Aeltern mir den ersten und einzigen Schatz nahmen. Noch wußten
Sie mich diesen vergessen zu lehren, noch heuchel-
ten Sie Ersatz dafür. Ich fand die Veränderung
trotz ihrer Bitterkeit süß, weil Sie mir alles waren. Sie entreißen mir sich, und mit Ihnen die
Seligkeit, die mir, Gott weiß es, ob nicht noch
süßer war. Nun stehe ich da, entblößt von jeder
Anhänglichkeit, stehe da bereit und entschlossen,
mich dem Zufall in die Arme zu werfen.

Kardinal. Nein, Laurette, das wäre eine
verzweiflungsvolle Entschlossenheit —

Lauretta. Die Sie aber nie ändern werden.
Ich hätte mich Ihnen ganz aufgeopfert, aber wis-

fen Sie, Kardinal, nie um mich Ihnen zu über-
laſſen. Das Feuer, was Sie rege gemacht, hätte
mich verzehren ſollen. Jezt wäre dieſes Opfer
Frevel. Es Ihnen bringen, hieße mich ſelbſt vergeſſen. So lange ich die Schwachheit mit mir
Ihre erſte glaubte, wollte ich ſie zur letzten machen. Da Sie ihr aber unzähligemal untergelegen, ſo iſt's unmöglich, daß Sie gewöhnte Leidenſchaft dämpfen können. Sie mit Ihnen theilen,
hieße mich einer weit ſchwereren Sünde theilhaf-
tig machen. Habe ich Ihnen meine Tugend opfern
müſſen, ſo ſoll mein freyer Wille die Ihrige nicht
vermindern. Leben Sie wohl, und wenn Sie können, glücklich.

Kardinal. Und ſo kalt könnte Laurette Ab-
ſchied von mir nehmen?

Laurette. So kalt, Kardinal, als Sie ſich's
immer denken können. Jeder Funke voriger
Wärme iſt erloſchen. Kein Blutstropfen kann
mehr für Sie wallen. Könnte ich haſſen, ich
glaube, ich könnte Sie haſſen. Sie, Gräfin,
brauchen nicht zu ſorgen, daß ich einen Triumph
aus Ihrem Hauſe mit mir nehme. Reich kam ich
zu Ihnen — bettelarm gehe ich von Ihnen. Sie
haben mir viel zuwider gethan, aber wer kann

Erſter Theil.   Q.

der Peſt wehren,' daß ſie ſich nicht fortpflanze?
Verzeihen Sie, wenn das hart iſt; aber mein
Verluſt fordert Härte.   Ich will jeden und jede,
die ſich mir nähert, vor Ihren Zirkeln warnen.
Ich werde von dieſer Höhe herabſteigen, vielleicht
tief herabſteigen, aber immer noch Engel gegen
Sie bleiben, und wenn ich noch ſo tief falle.

(ab.)

Gräfin. Woher hat ſie die Verwegenheit genommen?   Die Schüchterne getraute ſich kaum
ein Wort zu reden, und jezt fließt es von ihrem
Munde, wie von den Lippen einer gelernten Buhlerin — dahinter ſteckt etwas anders —

Kardinal. (der immer Lauretten nachgeſehen, fährt
heftig auf.) So muß es einem Verdammten zu
Muthe ſeyn, der zum erſtenmal in Qualen tritt,
von denen er ſich keinen Begriff gemacht.   Und
Sie, Medina, wollen meine Schweſter ſeyn? Eine
untergeſchobne Brut mögen Sie ſeyn, die aus
dem Samen des Geizes gezeugt worden, und die
der Neid gebar!

Gräfin. Eine liebliche Familie. In der That,
Bruder, ich habe gefehlt, aber ich werde den Fehler wieder gut machen —

Kardinal. Was hätten Sie jemals wieder gut gemacht?

Gräfin. Sie vergessen, Kardinal, daß ohne mich Laura ewig Seele gegen Sie geblieben wär'. Ich will Ihnen meinen ganzen Anschlag mittheilen: Ich wollte Ihnen Laurens zweite Nacht stehlen. Hätten Sie es nicht erfahren, so hätte Ihre Delikatesse nichts gelitten, und ich wäre hunderttausend Scudi reicher gewesen.

Kardinal. Und durch den unersättlichen Geiz verliere ich das Mädchen. Hätten Sie ihr nichts entdeckt —

Gräfin. Sie scheinen zu vergessen, Kardinal, was sie Ihnen sagte. Als platonische Freundin, glaube ich, würden Sie sich eben nicht sehr nach ihr gesehnt haben.

Kardinal. Ich hätte dem Mädchen zu gefallen alles gethan — Keusch hätte ich um Ihrentwillen werden, jedem Reize zur Wollust entsagen können —

Gräfin. Auf vier und zwanzig Stunden, Kardinal. Machen Sie das Lauretten weiß, mir nicht. Uebrigens muß ich mich über Ihre Kurzsichtigkeit wundern —

Kardinal. Die sonst doch eben nicht mein

Q 2

Fehler ift. Aber ich fehe weit hinaus nichts als
eine Leere —

Gräfin. In deren Mitte, mich müßten meine
Augen und mein Verſtand denn ſehr trügen, ein
ſchöner, reizender, neuer Liebhaber Laurettens ſteht.
Sie erwähnten einmal gegen mich, gewiſſen Leuten
müſſe man nicht blos die Augen blenden, ſondern
auch den Mund mit Golde ſtopfen. Haben Sie
die Regel etwa ſelbſt beym Pater Tinto vergeſſen?

Kardinal. Ha! Sie bringen mich auf eine
Spur. Ich eile, ihn zu mir kommen zu laſſen.
(ſchnell ab.)

Gräfin. Medina, das war ein Meiſterſtreich!
So wohlfeil glaubte ich nicht davon zu kommen.
Am Ende muß Tinto die Schuld tragen, und der
Kardinal mir wohl noch den Verluſt am Herzog
erſetzen. Es brachte mich aus aller Faſſung, wie
er eintrat. Aber mehr noch der Hexe Verwegenheit. Piſana! Piſana! dahinter ſteckt ein Ande-
rer, und wehe dir, wenn es einer aus meinem
ſympathetiſchen Orden iſt!
(ab.)

Rom.

Gasthaus auf dem Spanischen Platze.

Der Fürst. Tinto.

Tinto.

Werden Sie nur nicht ungeduldig. Sie kann nicht lange bleiben. Das Donnerwetter bricht bey der Gräfin mit dem Herzog aus. Ich hab's aus seinem eignen Munde. Der Kardinal, dem ich Ihre Ankunft berichten lassen, ist schon vorbey= gefahren.

Fürst. Wenn sie sich aussöhnte, Tinto, wenn ältere Liebe zu ihm die zu mir ganz vernichtete: wenn ich, nachdem ich mich so in Brand gesetzt, Wochen ihr zu gefallen unnütz verschleichen lassen, gefastet habe an der Speise, die ich täglich genies= sen muß, mich nun genöthigt sähe, bey irgend ei= nem alten Stolpersteine den gesparten Schatz zu vergraben; wenn ich statt herzlicher, heißer Liebe und feuriger Gegenwirkung mit kalten, ekelnden Künsteleyen vorlieb nehmen, und vielleicht den

Q 3

Geſchmack ganz verlieren müßte, der mein Leben würzt —

Tinto. Weiter — weiter, Ew. Durchlaucht,
die Extaſe iſt gar zu ſchön. O daß ich Sie noch
beſſer in Brand ſetzen könnte — damit Laurette
den höchſten Grad Ihres Feuers inne würde —

Fürſt. Warum den Wunſch ſo eifrig?

Tinto. Deswegen, mein Fürſt, damit Kälte,
die bey Ihnen bald nachfolgen wird, deſto merk-
licher wird, damit Laurette ganz fühlen lernte, daß
es um die ſchwärmeriſche Liebe nur ein Rauch iſt.
Denn, ſo lange ſie fortſchwärmt, nenn' ich ſie nur
zum Schein, einträgliche Tochter. Gerade die
ekelnden Künſteleyen, die Ihnen ſonſt oft werth
ſind, und die Sie jezt haſſen, muß Laurette lernen,
oder ich verfehle meinen Zweck. Wie armſelig
würd' es mit den Venusprieſterinnen in Rom aus-
ſehen, wenn der Geiſt Laurettens, der in Sie gefahren, ſich einmal auf alle Wollüſtlinge herabließe.
Schwärmerey iſt der Tod der Wolluſt, Ew.
Durchlaucht. Für einmal läßt man das gehen,
aber im Ganzen unterbleibt's. Rom könnte wahrhaftig ſonſt wieder Veſtalen erzeugen, und unſer
Geſchlecht ſänke zur Barbarey herab, ſie zu ver-
ehren.

Fürst. Oder als gute Prise sie mitzunehmen, wie der Fall hier seyn wird. Sagen Sie mir nur, Tinto, wie wird sie kommen?

Tinto. Erhitzt, in Wallung, aufgebracht, eine zürnende Schönheit — tausendmal schöner durch den Zorn, zehnfach erbittlicher durch die Beleidigung, suchend jemanden, der sie darüber tröstet, sich anschmiegend an den Mann, der ihr das Unrecht will vergessen machen. Da, Ew. Durchlaucht, in einem solchen Zustande, sind Mädchen Wachs, nehmen jede Biegung an, wissen gar nicht, was widerstehen ist, weil sie gar nicht glauben, daß sie widerstehen dürfen, schwanken nicht einen Augenblick. Deswegen bleibe ich auch nicht da, lasse Sie allein, komme gar nicht wieder. Nur suchen Sie sie recht auf dem Gespräch von ihrer Beleidigung zu erhalten; malt sie den Kardinal dunkel, so tuschen Sie ihn schwarz, heißt sie ihn undankbar, so machen Sie ihn zum Ungeheuer; bleibt sie an seiner Schönheit haften, so bedauern Sie mit einem tiefen Seufzer, daß niemand fähig ist, den Verlust zu ersetzen. Die nöthigen Außenseiten, das Blut in Wallung zu bringen, verabsäumen Sie nicht. Sie haben deren genug in Ihrer Ge-

walt. — Ich höre den Wagen. Morgen früh,
Fürst, komme ich, und umarme Sie als Sieger.

(ab.)

Lauretta. Der Fürst, (der sie hereinführt.)

Lauretta. Ha! Fürst, ich bin hinter die
Wahrheit gekommen. Pater Tinto hatte Recht.
Der Kardinal, den ich so unaussprechlich liebte,
dem ich so reine Empfindungen zutraute, den ich
für den heiligsten unter allen seinen Mitbrüdern
hielt, ist der erste Wollüstling Roms, sucht
Schlachtopfer seiner Leidenschaft, wo er nur irgend
Zutritt haben kann. Können Sie sich eine schreck-
lichere Handlung denken, als ein tugendhaftes
Mädchen aus dem Hause ihrer Aeltern stehlen,
ihre Grundsätze untergraben, ihre Unschuld rau-
ben, um eine viehische Wollust zu befriedigen, deren geheime Zeugen vielleicht schon hundert Elende
meines gleichen in Rom sind? Ich bin herabge-
stürzt in einen unabsehbaren Abgrund des Verder-
bens. Ich fühle mich im beständigen Sinken, in
der ewigen fortdauernden Angst des Fallens, und
weiß nicht, wie tief ich noch herabstürzen werde.
Ich komme, bey Ihnen Zuflucht zu finden. Was

sollte aus mir werden, wenn nicht irgend jemand sich meiner annähme?

Fürst. Der will ich seyn. O dieses himmlische Zutrauen macht Sie mir so ganz eigen, daß meine Freude, so wie meine Liebe für Sie, sich ins Unbegränzte verliert. Das ist nicht Werk des Zufalls, Laurette, daß Sie so an mich kommen mußten, das ist Vorherbestimmung des Schicksals. Hätten wir uns ohne diese vorhergegangenen Auftritte gesehen, so hätten vielleicht unsere Herzen Sympathie gefühlt, wir wären uns werth geworden. Aber Konventionen hätten uns getrennt. Sie hätten den Gedanken, daß Liebe glücklich mache, nicht ganz eingesogen. Erziehung und falsche Grundsätze hätten Sie den besten Reiz des Lebens in ein kaltes, unauflösliches Band vergraben lassen, wo unaussprechliches Gefühl Opfer der Pflicht geworden wäre.

Lauretta. Wenigstens, Ew. Durchlaucht, bin ich darüber nachzudenken unfähig. Glauben, was Sie sagen, das muß ich, denn ich wäre ja ganz verlassen, wenn ich Sie nicht hätte. Bis auf Pater Tinto's Einwilligung hab' ich mich zu verschenken, kann mich gar nicht für mich behalten, denn ich bin mir nichts nütze.

Fürst. O des Paters Einwilligung hab' ich, und hat es je ein Geschenk gegeben, das auszuschlagen Todsünde wäre, Laurette, so sind Sie es. Es ist wahr, Unglück hat Sie aus allen Rechten herausgehoben, die Sie als irdischer Engel hatten. Bosheit hat Ihnen die Vorzüge lästig gemacht, die Sie immer noch in sich haben. Sie glauben, Sie sind nichts, und Sie reichen bis an die Wolken. Der Abgrund, den Sie sehen, ist Werk Ihrer Einbildungskraft. Daß aber diese Einbildungskraft so gespannt ist, das ist Zeichen eines Feuers, um das ich Sie beneide. Ich nehme also das Geschenk an. Sie sind mein, und was meine Kräfte aufbieten können, dieses mein gewordene Ich glücklich zu machen, das soll geschehen.

Lauretta. Ew. Durchlaucht sind gütig, sehr gütig. Und doch bin ich dreist genug, dieser Güte Vorschriften zu machen. Der Muth, den sie in mir wieder erweckt, hat auch das Herz rege gemacht. O Mann der Liebe! ich fühl's, ich bin für diese Leidenschaft geboren. Sie hatten sie schon vom Kardinal auf sich übergetragen, ehe wir hieher kamen. Aber undankbar konnt' ich nicht seyn. Ich hätte mir ein grausames Opfer aufgelegt, wenn ich meinen Verführer des Undanks werth ge-

funden. Er war es nicht, und ich überlaſſe mich
der brennenden Glut, die für Sie in mir iſt. Werden Sie das Mädchen je verachten können, das ſich
ſo ganz in Ihre Arme wirft, ſich an Sie ſchmiegt,
und von Ihnen Nachſicht und Gegenliebe erwartet? Fürſt! Sie haben mir geſchworen, Sie liebten mich, aber vielleicht rechneten Sie darauf, daß
Ihnen der Sieg nicht ſo leicht werden würde.

Fürſt. Nichts, was Sie herabſetzen könnte —
Nichts mehr, Laurette, von anklebenden Vorurtheilen. Es giebt nur eine höchſte Stufe, wer
auf dieſer ſteht, kann ſich nicht mehr herabwürdigen. Wer ſie erreicht, iſt vor dem Fall ſicher.
So offnes Herzens, wie Sie zur Fahne der Liebe
geſchworen, heißt verdienen, ewig Gegenſtand dieſer Göttin zu ſeyn, die uns vom Menſchen losket-
tet, und unſrer Beſtimmung uns nähert.

Lauretta. Wie geneigt finden Sie Ihr Mädchen, das zu glauben! Wie wiegt ſie ſich in Träumen von Glückſeligkeit ein! Wie überſieht ſie nach
grauſenden Auftritten ſo gern eine liebliche Zukunft!
— Aber ſollte ſie irren — ſollte hier ein von Leidenſchaft erregter Taumel ſie irre führen, der dort
außer ihr lag, und hervorgebracht wurde: dann
würde das Erwachen wohl noch ſchwerer ſeyn —

dann würde sie vielleicht sich anklagen, da sie bis
jezt sich vielleicht noch schuldlos glaubt.

Fürst. Lassen Sie alle Klagen beyseite, beste,
theuerste Laurette. Sie müssen nie Gegenstand
einer Traurigkeit seyn. Lachende Aussichten öffnen sich Ihnen. Halb Rom bewunderte Sie, da
Sie bey der Gräfin Medina waren. Unter meinem Schutze wird halb Rom Sie anbeten. Ver-
götterung, Laurette, steht Ihnen bevor. Könnt'
ich die Ideen malen, die von Ihnen in meiner
Seele liegen, — könnt' ich darstellen die Bilder,
die Sie in meinem Herzen werden lassen — so
müßt' ich den Pinsel eines Raphaels und eines
Korreggio haben, und hätten diese Männer Sie
gesehen, so hätten die Meister ihre Meisterstücke
noch übertroffen.

Lauretta. Fürst! Sie haben unbegränzte
Schwungkraft, und Sie wissen diese auch bey Ihrem Mädchen rege zu machen. Sich nach dem,
was Sie da sagen, nicht unbeschreibliche Glückseligkeit träumen, das heißt, sie von sich stoßen.
Sehen Sie, hier spricht gewiß bey Ihnen nicht
vorbestimmte Schmeicheley, wie beym Kardinal,
und bey mir spricht nicht erregte Leidenschaft. Kann
es Ihnen schmeicheln, daß Laurette aus dem In-

nersten fühlt, so nehmen Sie die Versicherung, dem
ist so.   Es ist nicht lange, und ich war in einer
schrecklichen Lage.   Eine Freundin, die ich für einen Engel hielt, erschien mir wie eine Furie; ein
Geliebter, der sich mir als Halbgott gezeigt, wurde gewöhnlicher, und weniger als gewöhnlicher
Mensch.   Herabgestimmt also von dem, was ich
zu seyn glaubte, hatte ich nur Sie, und Sie wurden mein Alles.

Fürst.   Dafür sollen Liebe und Freude Sie belohnen.   Sie sollen erfahren, wie sorgenlos wahre
Leidenschaft macht.   Ich will Sie losreißen von
allem Schmerz, von aller Trauer, von allen Vorurtheilen.   Ich will Sie vermählen mit Anhänglichkeit und Freude.   Sie sollen gebieten über den
höchsten Grad der Wollust, Entzücken soll Ihnen
zu Diensten stehen, und Gränzen der Seligkeit
sollen Sie nicht kennen.

Rom.

***

Palast des Kardinals

Kardinal. Pater Tinto

Kardinal.

Ah! sind Sie es, lieber Tinto? Gut — recht sehr gut!

Tinto. Ew. Eminenz haben befohlen —

Kardinal. Warum so feyerlich? Seit wenn stehen wir auf den Fuß? Ein verdammter Streich, Tinto, ist mir begegnet. Aber ehe ich's vergesse, hier sind einige Kleinigkeiten, die ich schon lange Ihnen zudachte —

Tinto. Wofür, Ew. Eminenz? Für das Vergangene oder für die Zukunft? Im letzten Falle —

Kardinal. In welchem Sie wollen, Tinto. Doch — für Lauretten, stecken Sie immer ein.

(Tinto nimmt die Bijouterien zu sich.)

Ich glaube, ich sagte Ihnen wohl noch nichts von der reizenden Nacht?

Tinto. Nein, in Wahrheit nicht. Aber es sind ja auch schon verschiedene Wochen. Damals hatten Sie den Kopf wohl zu voll über ihren Verlust, und Mädchengeschichten so lange zu behalten, das kann man Ihnen nicht zumuthen.

Kardinal. Sie sind zurückhaltend, Tinto, nicht so ganz freundschaftlich — ein wenig unartig. — Aber zur Sache. Laurette will nichts mehr von mir wissen, weil die Gräfin meinen Plan verrathen.

Tinto. Das weiß ich, Ew. Eminenz, das weiß ich ganz genau, wörtlich —

Kardinal. Wie könnten Sie das schon so zeitig wissen, kaum ist's geschehen?

Tinto. Ich sprach, so eben nach Dero Zusammenkunft bey der Gräfin, meine Pflegetochter.

Kardinal. Wen? Ihre Pflegetochter, sagen Sie, sprachen Sie?

Tinto. Es ist wahr, ich bin auch vergessen. Ich habe Ihnen zu melden versäumt, daß Kampano mir dieses Mädchen als Tochter vermacht hat.

Kardinal. Dafür möchte ich ihn umarmen, und muß den neuen Vater auch umarmen.

Tinto. Im eigentlichen Verstande Vater, wenn's mit der Nacht seine Richtigkeit hat.

Kardinal. Und werden's mir auch bleiben, und sich nicht schlecht dabey stehen.

Tinto. Welches wohl schwerlich wird geschehen können —

Kardinal. Wie so, Tinto? Hätten Sie auf einmal Ihre bisherige Meynung gegen mich geändert?

Tinto. Wozu bekomplimentiren wir uns hier, Kardinal? Wir stehen nicht mehr auf dem vorigen Fuße. Ew. Eminenz letzliche Aeußerungen waren mir ein wenig zu stark.

Kardinal. Ich dächte, Tinto, ich hätte sie jezt wieder gut gemacht?

Tinto. Aufwand und Bemühungen haben Sie richtig ersetzt, das ist wahr. Aber von einer Belohnung weiß ich so wenig etwas —

Kardinal. Kampano's Landgut rechnen Sie also für nichts?

Tinto. Das haben Ew. Eminenz mir doch wohl nicht verschafft? Sie machen es wie gewisse Feldherren, die die Geschicklichkeit ihrer Untercommandeurs immer mit auf ihre eigne Rechnung bringen, und dem Monarchen die Augen damit blenden.

Kardinal. Ich wüßte nicht, warum ich diese Sprache an Tinto leiden sollte? Doch um der schönen Laurette willen, will ich sie Ihnen zu gut halten —

Tinto. Ich wollte Ew. Eminenz rathen, um deren willen nichts mehr zu thun. Auch wünschte ich, Sie entließen mich ebenfalls der Dienste, die mir schon von mir erlassen sind.

Kardinal. Und was für Spekulationen hätte denn Pater Tinto mit Lauretten, die ihm einträg- licher seyn könnten, als meine Bekanntschaft?

Tinto. Spekulationen auf Mehrere, Ew, Eminenz —

Kardinal. Tinto! Sie wollten das Mädchen herabwürdigen, eine Buhlerin aus ihr machen? Wenn ich auch dem Pater Tinto die Geschicklich- keit zutraute, so traue ich dem Menschen Tinto nicht zu, daß er ein so unbefangenes, nach dem ersten Fehltritt noch so gut wie unschuldiges Herz so wegwerfen könnte. Sie irren, wenn Sie das, was ich Ihnen jezt sage, für Verstellung halten. Von dem Augenblicke an, da Laurette abreiste, habe ich keine Ruhe gehabt, unaufhörlich ist sie mir vor der Seele gewesen, und ihre Rückkehr hat

Erster Theil.   R

mich immer beschäftigt. Die Tage habe ich mit ihr verwacht, die Nächte mit ihr verträumt.

Tinto. Das glaub' ich nicht allein, sondern ich bin es überzeugt. Mich, Kardinal, hintergeht man nicht. Ich habe jeden Spion gekannt, den Sie in Pisa aufgestellt. Manche hab' ich bestochen, manche hab' ich hintergangen. In der Minute, da Sie mir befahlen, Kampano sein Gut zurück zu geben, beschloß ich, Laurette sollte nie die Ihrige seyn, bedauerte, da ich hörte, sie wäre es gewesen, daß es geschehen, blieb aber meinem Vorsatze dennoch treu. Alle Ihre Spione haben nicht erfahren, oder Ihnen nicht hinterbracht, daß ich unterdessen Laurens Temperament auf einen andern Gegenstand lenkte —

Kardinal. (heftig.) Von dem Sie sie wieder ablenken sollen, oder Sie sind ein Kind des Todes!

Tinto. Das wäre auch das einzige, wodurch Ew. Eminenz mich dazu zwingen könnten, und so schwesterliche Grundsätze, hoffe ich, haben Sie noch nicht eingesogen.

Kardinal. Tinto! sollten Sie unerbittlich und unversöhnlich seyn?

Tinto. Ich kann nicht umhin, Sie den Be-

cher ganz leeren zu laſſen, der auch einmal für einen Kardinal bittern Wermuth enthält. Es ſtand
noch in Ihrer Macht, Lauretten umzuſtimmen;
der Gräfin Entdeckung aber und Ihr Geſtändniß
— haben ſie ihrem neuen Liebhaber übergeben —
und jezt iſt ſie wirklich bey ihm.

Kardinal. Sie können mir das ſo dreiſt ins
Geſicht ſagen, und zittern nicht davor, daß ich es
rächen kann? ſind nicht beſorgt, daß ich jeden ſeinen Betrug, den Sie gemacht, entwickeln, und
vor den Augen nicht blos der Welt, ſondern der
Richterſtühle darlegen kann?

Tinto. Nicht ohne zugleich darzulegen, daß
alles das auf Ihre Veranlaſſung geſchehen. Und
wenn das alles auch wirklich wäre, und Sie es
wagen wollten, ſich in eine ſolche Sache vor den
Richterſtühlen zu vermengen, wenn der Kardinal
ſich auch nur könnte nachſagen laſſen, er habe, um
ein Mädchen für ihn zu erobern, den Pater Tinto
in Sold genommen; wenn er es dahin brächte,
daß der Pater verdammt, er losgeſprochen würde,
wie denn das der Fall bey einem Kardinal wohl
ſeyn muß, ſo liegen bey einigen von Ew. Eminenz
Todtfeinden kleine verſiegelte Paketchen, die den
Briefwechſel wegen Mariottinen, wegen der klei-

nen Venetianerin, und das Dokument von Ange-
likens Ankauf von ihren Aeltern eigenhändig enthalten. Diese werden eröffnet, sobald ich verhaf-
tet werde. Wollen Em. Eminenz etwa die Gnade
haben, und nach der Wache schicken?

Kardinal (für sich.) Der schlaueste Teufel, den
die Hölle je ausgelassen! (laut) Drohungen gegen
Drohungen erwartete ich nicht. Daß ich sie nie
ins Werk setzen würde, wußten Sie zu gut, und
ich wollte blos Nachgeben bewirken.

Tinto. Gänzlich vergebens, Kardinal. Auf
Lauretten müssen Sie Verzicht thun. Ich habe
mich selbst in diese Pisanerin verliebt, und ver-
tauschte gern die Vaterrechte mit denen eines beglückten Liebhabers. Hiervon sehe ich keine Möglichkeit, wenn sie nicht erst durch zehn andre Hände
geht, und die muß ich wählen, damit sie sie nicht
festhalten. Die Ihrigen sind mir zu mächtig. Ist
sie ganz von der Schwärmerey zurückgekommen,
und ich schenke ihr ihr Landgut wieder, so bleibt
sie vielleicht allein mein.

Kardinal. Den ganzen Plan ihr zu verrathen, wäre doch wohl unausbleibliche Störung desselben? Haben Sie das nicht bedacht?

Tinto. Allerdings die Anstalten so getroffen,

daß sie Ihnen nicht ein Wort mehr glaubt. Halt thut Tinto nichts.

Kardinal. Sie zeigen's wirklich, daß Sie Meister in der Kunst sind. Und um der versiegelten Paketchen willen, möcht' ich Ihnen wohl die Pisana abtreten.

Tinto. Abtreten, was ich schon besitze? Doch, Ew. Eminenz, eine Hand wäscht die andere. Wollen Sie, so quittiren wir uns mit unsern beiderseitigen Papieren. Die meinigen sind in Ihren Händen auch nicht viel nütze.

Kardinal. Und was für wichtige Papiere hätten Sie denn noch bey mir?

Tinto. Ich will Ew. Eminenz Gedächtniß zu Hülfe kommen. (Er zieht eine Brieftasche heraus und liest) Erstlich den Vorschlag zum Stimmenkauf bey der Kardinalswahl, dann die verfertigte Rechnung für Se. Heiligkeit, wegen der Einnahme und Ausgabe der geheimen Schatulle, die Ew. Eminenz unter Händen hatten. Ferner zwey Briefe, die Entführung der Nonne aus dem Kloster Santa Pace betreffend. Noch ein paar Entwürfe der Vermählung Ew. Eminenz Base Montini, als sie sich in andern Umständen befand.

R 3

Das wären die wichtigsten. Meine übrigen
Briefe, deren noch sechs und funfzig in Ihren
Händen sind, kann ich mit vier und sechzig von
den Ihrigen einlösen.

Kardinal. Sie halten sehr genaue Rechnung.
Ich erwarte Sie morgen, um die Sache ganz in
Richtigkeit zu bringen, und wie ich sehe, so wird
Ihr Eigensinn wohl nie eine Wiedervereinigung
zwischen uns zulaßen. Richten Sie nur Ihre Auf-
führung so ein, daß wir uns beide immer kalt
freundschaftlich begegnen können.

(ab.)

Tinto. Ha! wie ihm das wurmte — wie er
sich verstellte, um mich es nicht sehen zu laßen, daß
er einen Theil seiner Seele verloren! O du süßeste
Rache, wie bist du mir willkommen! Denkt nur
nicht, ihr Großen, daß jeder vor eurem Macht-
worte sich bücken muß. Hättest du mir geschmei-
chelt, du besäßest Lauretten so ganz, wie sie jezt
der Fürst hat. Ich hätte nie den andern Plan
für sie entworfen. So aber ist's beßer. Ich
komme aus einer Verbindung, die schon mit dem
Vortheil über das blühende Alter hinaus war, und
wo die Zeit, die alles verwüstet, das Abnehmen
befördert hätte. Der Kopf ist aus der Schlinge,

die ihm die gefährlichste war, die, wenn sie sich einmal zugezogen, meine Kräfte nicht wieder hätten öffnen können. Dann hätte ich seiner Gnade leben müssen, und da er nicht so genaue Rechnung hält, wie ich, und den Sturz zweyer Vorgänger, auf welche er stieg, vergessen zu haben scheint, so kann ich diese Papiere in Händen behalten, damit er der meinigen leben muß. So, denke ich, soll eine Zeit kommen, wo Ew. Eminenz mich nicht im Vorzimmer stehen lassen.

(ab.)

Rom.

Gasthaus auf dem Spanischen Platze.

(Bald Mittag.)

Der Fürst und Lauretta (treten aus einem
Schlafkabinet.)

Fürst.

Bald Mittag, Laurette. Das heißt Liebe nicht
blos genossen, faßt sie geleeret.

Lauretta. Kaum getraue ich mir, dem Tage
in die Augen zu sehen, mein Theurer, immer
fürchte ich einen Spiegel, der mir selbst mich häßlich zeigt. Und doch bin ich so zufrieden aufgestanden, bin vom Genuß der Wonne hingerissen,
fühle es, daß Seligkeit darin liegt, schmachte ermattet, und empfinde doch, daß die Ermattung
süß ist! Zauber, den ich noch nicht kannte, der
sich beym ersten Genuß mir in Aengstlichkeit ver-
hüllte, wie bist du so vollwirkend über mich ausge-
gossen! Wie brennend ist dein Feuer, und wie lin-

dernd dein Balsam! Dein Name ist also Liebe?
O wie sprach ich das Wort aus, ohne zu wissen,
was es enthielte! Stummer, kalter Ausdruck für
den, der dich nicht kennt. Unmöglich auszudrü-
cken für den, der dich kennt — Liebe! — Nein,
ich werde dieses Wort nie wieder nennen, ohne
ein zitterndes Gefühl. Ich würde es zu entwei-
hen glauben, wenn ich mir nicht dich, nicht dich,
Theurer, dem ich diese Wollust verdanke, dabey
dächte. Wenn ich mir nicht — (sie lehnt sich an seinen
Busen) verhülle mir das kranke Mädchen — wenn
ich mir nicht diese Nacht dächte —

Fürst. Laurette! Auf dir ruhet unmittelbare
Eingebung von dieser alles besiegenden Göttin!
Du siehst mich so hingerissen, wie dich. Ich kan
dir's nicht verhehlen, daß dieß nicht mein erster
Genuß war. Und doch war es der erste. Alle
vorhergehende stehen wie unbehülfliche, neugeborne
Kinder gegen den Knaben der Liebe, der mit seinen scharfen Werkzeugen schäkert, und den Tod
uns ins Herz schäkert. Aber denen will er wohl,
die er so trifft, wie er uns getroffen.

(Die Thüre geht auf, Pater Tinto tritt ein.)

Tinto. Ich höre — so eben aufgestanden.

R 5

Laurette! Laurette! Der Vater sollte wohl zürnen. Nicht, daß die Tochter sich dem schönsten
Mann in die Arme geworfen, das kann nur ein
Vater mißbilligen, dem Aufklärung fehlt; aber
daß nicht so viel Mäßigung Statt fand, daß Sie
mir erst Ihre Eroberung und Ihren Sieg mitgetheilt hätten.

Lauretta. O Tinto! habe ich die Allgewalt
solcher Augenblicke gekannt? Sie selbst haben mir
gesagt, diese Leidenschaft vom Schöpfer geschaffen,
von den Gesetzen der Natur gebilligt, vom Menschen so oft verkannt, sey Zweck und Glückseligkeit
des Lebens, und das —

Tinto. Soll man nicht verschieben. Nun,
Ihnen kann ich wohl alles vergeben. Ew. Durchlaucht aber scheinen mir ein wenig hitzig zu Werke
gegangen zu seyn. Wissen Sie wohl, daß Laurette nicht blos erobert, daß sie erhalten seyn
will?

Lauretta. O Tinto! lassen Sie mich für den
Fürsten reden. Er kann nie anders denken, als
er jetzt denkt. Er ist zu liebenswürdig, als daß
man sich in ihm irren könnte. Aufrichtigkeit, die
dem Kardinal fehlte, ist ihm eigen, und da sonst

alle Vorzüge des Kardinals sein sind, so ist er fehlerfrey.

Fürst. Wer könnte es ertragen, sich so ins Gesicht loben zu hören! Wenn Sie die Fülle Ihres zu gut urtheilenden Herzens nicht an sich halten könnten, so mögen Sie dem Pater Tinto all' Ihre Lobsprüche entdecken, dem ich den gemessenen Auftrag gebe, meine Fehler dagegen aufzustellen. Bis zur Tafel leben Sie wohl. Pater! ich verlange Ihre ganze Aufrichtigkeit.

(ab.)

Tinto. (für sich.) An der ich es nicht ermangeln lassen werde, denn der Brand scheint mir zu heftig.

Lauretta. Nun, lieber Tinto, warum so nachdenkend?

Tinto. Ich fürchte, Laurette, mir steht viel Sorge mit Ihnen bevor. Sie haben sich da Ihr Temperament zu einem Schritte verleiten lassen, der Folgen haben kann.

Lauretta. Die Folgen, Tinto, können nach Allem, was Sie mir gesagt haben, nur schön seyn. Und ich hoffe wenigstens, daß Sie mir Wahrheit gesagt. Ich habe mir das Bild des Genusses nie so schön ausgemalt, wie ich's gefunden, und Sie,

trotz Ihrer Kunst, sind, mit Ihrer Erlaubniß ge=
sagt, auch kein Apelles gewesen.

Tinto. Ganz herrlich — sobald Sie sich die
Idee für die Stunden schaffen, in denen sie
erfüllt wird. Aber ich glaube in Ihr Herz zu se=
hen, und, daß Sie den Fall nicht allein oft wie=
derholt, sondern sogar immerwährend malen, sehr
ausgezeichnet darin zu erblicken. Sagen Sie mir
die aufrichtige Wahrheit.

Lauretta. Allerdings, Tinto, ist dem so. Ich
sehe die Zukunft, wie ich die Vergangenheit seit
gestern sah — süß; wie man die Seligkeit malen
möchte, die kein Auge gesehen, und kein Ohr ge=
hört. Sollte ich's jemanden sagen, wie mir's zu
Muthe gewesen, und wie mir's in der Folge also
auch seyn wird, ich müßte ihm Unwahrheit, und
schlecht geschilderte Wahrheit sagen. Ueberhaupt
gewinnen Freude und Wonne bey mir ein großes
über Leiden. Diese können unmöglich so wirkend
seyn, weil man seine Klagen so leicht zur Theilneh=
mung begeistern kann, hingegen die Freuden den
Kreis unsers Wissens übersteigen, und der Mit=
theilung ohne Genuß nicht fähig sind. Ich fange
an, Ihrem Systeme beyzupflichten, daß Vorur=
theile uns von der Natur entfernen, und wer sie

überwinden kann, natürlich glücklich lebt. Aus
dem Grunde ist mir auch Ihre Besorgniß unbegreiflich, und ich finde Sie ein wenig zu väterlich.

Tinto. So Recht ich habe, so freut mich Ihre
Empfindlichkeit. Sie zeigt, daß Sie anfangen,
sich zu bilden. Aber zu Ihrem Besten hab' ich
Recht, bin ich väterlich — mache ich Vorwürfe.
Weil ich weiß, daß diese Freuden nicht Bestand
haben können —

Laurette. Nicht Bestand haben können?
Wie wüßten Sie das, Pater Tinto? —

Tinto. Sehn Sie mich nicht so leicht an.
Glauben Sie nur, daß es mehrere Ihres Geschlechts giebt, die fühlten, und mich zum Vertrauten ihres Gefühls machten, und von denen ich erfuhr, das Glück der Liebe sey nie beständig —
außer durch Abwechselung.

Laurette. Sie sind grausam, Tinto. Es
sind noch nicht vier und zwanzig Stunden, seitdem
Sie mich ruhig wissen, und schon greifen Sie mich
mit neuen Waffen der Unruhe an. Warum wollen Sie mir auch den Fürsten verdächtig machen,
da Sie mir kaum den Kardinal aus der Seele
gerissen —

Tinto. Doch wohl mit vollem Rechte, doch wohl zu Ihrer sehr großen Zufriedenheit, doch wohl nicht ohne auf Ersatz für Sie gedacht zu haben?

Lauretta. Auf Ersatz gedacht? Also auch der Fürst kam nicht ungerufen nach Pisa? Zum erstenmale, Tinto, lassen Sie mich glauben, daß Sie ein Räthsel sind. Mit Recht, oder nicht mit Recht, genug, ich verlor den Kardinal ungern. Das sehe ich wohl ein, daß es selbst durch das Betragen der Gräfin nicht anders hätte kommen können. Allein mußte ich schon diesen verlieren, dachten Sie auf Heilungsmittel für mich, so hätten Sie billig auf dauernde denken sollen. Oder es wäre besser gewesen, mich meiner Einsamkeit zu überlassen, die mich endlich gewiß von den Fehlern meines Temperaments geheilt hätte.

Tinto. Nicht anders geheilt, als daß sie Sie verzehrt hätte. Glauben Sie mir, Laurette, ich habe Ihre ganze Seele durchforscht, ehe Sie nach Rom gingen. Ich wußte, wie vielen Gefahren Sie dort ausgesetzt waren, aber auf die teuflischen Künste, die man gegen Sie anwendete, darauf rechnete ich nicht. Da der Schritt einmal geschehen war, da ich vorhersah, Ihre Ideen müßten

scheitern, so dachte ich beyzeiten auf Mittel zu Ihrer Glückseligkeit.   Diese liegt immer in uns, und
hängt immer von uns ab.   Wir gehen fehl, sobald wir sie außer uns suchen.   Sie gehen jezt
fehl, daß Sie sie im Fürsten suchen.   Sie glauben, er hat Sie glücklich gemacht; nein, Laurette,
Sie haben ihn beglückt, oder vielmehr, Sie waren das Hülfsmittel, wodurch er sich glücklich
machte.   Eine andere Laune in ihm, und Sie
können nichts mehr zu seinem Glücke beytragen.
Glauben Sie immer das nicht, was ich Ihnen
sage; aber wenn die Erfahrung Sie davon überzeugt, so erinnern Sie sich, daß ich es Ihnen gesagt, und grämen Sie sich nicht zu sehr darüber.

Laurette.   Sähe ich Sie nicht als meinen Vater an, so dächte ich, Sie wären mein Feind. So-
nach wäre ich nicht im Stande, eine dauernde Anhänglichkeit zu erwecken?   Nicht im Stande, einen Mann mit Liebe zur Treue zu fesseln?

Tinto.   Ideen, Laurette, leere Ideen, die unsere Seele sich malt, und an denen unser Körper gar
keinen Antheil nimmt.   Finden Sie in der Natur
ein Gesetz, das unserm Vergnügen Fesseln anlegt?
Einen Gegenstand außer dem Menschen, der sie
sich anlegt?   Der Vorzug anwendbarer Seelen-

kräfte hat sie uns zu einem Mißbrauche anwenden lassen. Wir verwarfen die Gesetze der Natur, und machten uns welche gegen unsre Bedürfnisse. Unsre Seelen wurden so stolz, den Körper verläugnen zu wollen. Hieraus entsteht das Uebel, daß kein Mensch mehr weiß, was er eigentlich ist, noch warum er lebt. Das Gefühl, wir werden über dieses Leben hinausleben, macht, daß wir noch in diesem Leben über dasselbe hinauswollen, und das ist Thorheit.

Lauretta. Wenn ich aber in mir fühle, daß ich mein Glück an einen Gegenstand binden kann, warum soll ich nicht glauben, ein andrer Gegenstand könne mit mir gleich fühlen?

Tinto. Weil Ihre Bedürfnisse nicht immer mit den Bedürfnissen Ihres Gegenstandes in Harmonie stehen. Weil Ihre Sphäre ihren besondern Kreislauf hat. Es hat Menschen gegeben, die es in ihrer Einbildungskraft so weit gebracht haben, daß sie zusammen harmonisch zu seyn glaubten, da sie es doch nicht waren, und sie sind Opfer derselben geworden. Sie haben durch wechselseitigen Zwang ihre Körper aufgerieben, und ihre Seelen zu einer anscheinenden Vollkommenheit hinaufgetrieben, die eigentlich blos Schwäche ist,

und die sie in einem andern Leben mit der nämlichen Mühe herunterstimmen müssen, um wieder
ins festgesetzte Gleis zu kommen.   Ich will immer
zugeben, daß wir auf dieser Erde sind, um unserm
Geiste, durch körperliche Vermittelung, Ideen
zu verschaffen, allein in dem Fall ist denn doch
wohl die Beschaffenheit des Körpers nicht ohne
Zweck da, und wenn wir uns ihrer nicht bedienen,
so verfehlen wir die Begriffe, die wir erhalten sollen.   Diese sollen aus Erfahrung, nicht aus Hy-
pothesen gezogen seyn.

Lauretta.   Die Philosophie ist mir zu dunkel,
Pater.   Und ich glaube auch in der That, ich habe
mich für Nichterfahrung nicht zu fürchten.   Ich
bin so treflich auf dem Wege der Sinnlichkeit eingeleitet, daß ich nur davor zu zittern brauche, daß
sie mich zu sehr einnimmt.

Tinto.   Eben dann gewiß nicht, wenn Sie sie
nur als Bedürfniß betrachten.   Und dazu gehört,
daß jede Anhänglichkeit an einen Gegenstand schwin-
det.   Denn Sie machen dessen Bedürfniß sich mit
zu Ihrem eignen.

Lauretta.   Ich soll also auf eine feine Art dem
Fürsten zu verstehen geben, ich liebte ihn nur dann,
wenn meine Sinnlichkeit seiner Beyhülfe bedürfte?

Erster Theil.   S

Tinto. Das könnte der Fall in der Folge vielleicht seyn, beym Fürsten ist er es aber nicht. Wenn er hingegen Ihnen das merken ließe?

Lauretta. O davor bin ich sicher, das wird er gewiß nicht.

Tinto. Stellen Sie ihn wenigstens auf die Probe, Laurette. Verlangen Sie von ihm ein aufrichtiges Geständniß, wie er Liebe betrachtet. Wenn er sich Ihnen nach seiner gewöhnlichen Offenherzigkeit erklärt, und Sie für seinem Geständniß nicht zu sehr erschrecken, so fragen Sie ihn, ob er einen in Rom kennt, der seines gleichen nicht in seinen Meynungen wäre?

Lauretta. Ich bin versichert, ich werde Ihnen Beweise des Gegentheils bringen. Aber Ihr Ehrenwort, Pater, daß Sie vorher nichts mit ihm darüber sprechen.

Rom.

***

Palaſt der Markiſe.

Markiſe. Eduard.

Markiſe.

Grauſam war es immer, Eduard, daß Sie unſere mündliche Unterredung auf einen ſo entfernten Termin ausſetzten.

Eduard. Wodurch Sie gewonnen haben, Markiſe. Ihren Briefen, Ihren Geſinnungen darin, haben Sie es einzig und allein zu danken, daß ich geneigt bin, Ihren Fehltritt als Schwachheit zu verzeihen. Noch mehr, Markiſe, ich habe die vorige Hochachtung für Sie. Sie haben Ihre Handlung in Ihren Briefen zwar nicht zu rechtfertigen gewußt, aber Sie haben tauſend gute Eigenſchaften aufgedeckt, die mich ſie vergeſſen laſſen.

Markiſe. Soll ich Ihnen im komplimentenreichen Tone für Ihre Güte danken? O Eduard! es kann ſeyn, daß Sie der Pflicht Gerechtigkeit

haben widerfahren laſſen. Aber die Liebe haben
Sie doch ſehr beleidigt. Und Liebe iſt doch Leidenſchaft, Pflicht nicht.

Eduard. Und Sieger der erſten, treu der
letzten, ſollte jeder ſeyn, der Anſprüche darauf
macht, Mann zu ſeyn. Und wenn nicht E i n e r
neben mir auf Erden ſtände, der mir ſagte: Du
haſt Recht, ich denke auch ſo; oder: Du haſt
Recht, ich will dir nachahmen; ſo will ich allein
den Platz behaupten. Von Eduard ſoll nie jemand
ſagen, er verläugnete ſeine Pflicht. Uebrigens,
Markiſe, was haben wir verloren? So ſtolz Sie
auf die Freuden ſeyn können, welche Wolluſt mir bey
Ihnen ſo viel wirkſamer als bey andern ſchuf; ſo
viel mehr ſtolz wird es uns beide machen, wenn
wir dieſe Freuden, die der Menſch immer als
Schwachheiten anzuſehen hat, überwinden, deſto
ſtolzer werden wir ſeyn, weil die Größe des Opfers
den Werth deſſelben beſtimmmt. Wenn ich einer
Buhlerin ein Opfer bringe, die mir ſchon gleichgültig, wo nicht ekel iſt, ſo iſt das kein Verdienſt, es
liegt in mir der bereite Wille dazu; wo ſich aber
mein ganzes Blut widerſetzt —

Markiſe. Daß das der Fall iſt, Eduard, das
ſöhnt mich ganz wieder mit dir aus.

Eduard. Wenn Sie das trösten kann, da ist er es, ist es im höchsten Grade, den Sie sich denken können. Glauben Sie nicht, daß ich die Gefahr nicht vorhersahe, die ich beym fortgesetzten Umgange mit Ihnen laufe? Glauben Sie nicht, daß ich mich ihr nicht würde entzogen haben, wenn ich nicht Muth genug fühlte, ihr zu widerstehen, wenn ich nicht den Grundsatz hätte: Ich kann mein Leben meiner Geliebten, meine Geliebte aber meiner Pflicht opfern. Wenn Sie, Markise, den ganzen Umfang dieser Worte fühlen, wenn Sie glauben können, daß ein Britte Wort halten kann, und wird; so werden Sie nicht wünschen, daß die Wirkung Ihrer Reize sich weiter als auf meine Seele erstrecken, werden nicht etwa kleine heuchlerische Anschläge verbergen, die ich dem Weibe gern zu gut halten würde, wenn der Mann nicht dabey litte.

Markise. Nein, Eduard, du sollst sehen, daß auch ein Weib Mann seyn kann. Ich will alle meine Kraft aufbieten, deinem heldenmäßigen Entschlusse völlig gleich zu kommen. Ich will jede Regung der Wollust unterdrücken, und nur aus deiner Seele Nahrung suchen. Sie gab mir sie ja schon immer in so reichlichem Maaße, wenn

schon ich's nicht läugnen kann, daß jene Befriedigung mir auch wonnereich war. Bin ich unglücklich genug, nicht mehr den schönsten Mann ganz
im Besitz zu haben, so will ich mich damit trösten,
daß keine andere ihn besitzt. Ich will mich mit
deinem Ideal der Seelenwollust so bekannt machen, daß ich des Körpers darüber vergesse.

Eduard. Auch, Markise, ist's in Wahrheit
größere Wonne. Sie ist nicht vergänglich, sie
ist bleibend. Sie unterbrechen keine Perioden der
Ermattung, die nur Zeichen von unsern thierischen
Verhältnissen sind. Lassen Sie uns daher uns
Mühe geben, der Welt ein unerhörtes Beyspiel
von Ueberwindung zu geben. Lassen Sie uns insbesondre darauf denken, dem Manne, den bis jetzt
nur Sie wissentlich, ich unwissentlich beleidigt und
gekränkt haben, die Genugthuung zu verschaffen,
die wir ihm schuldig sind. Haben Sie meinen
Vorschlag deswegen überlegt, und was sind Sie
entschlossen zu thun?

Markise. Eduard! du hast Recht; mein
Herz legt mir zwar keine Verbindlichkeit gegen
den Mann auf, aber deine Gründe thun es. Du
sagst, ich habe ihn beleidigt, und es ist billig, daß
ich diese Beleidigungen gut mache. Aber wie kann

ich das thun, was du wünschest? Ich soll mit
Liebe, ich soll aus vollem warmen Herzen schreiben? Kann man das ohne Liebe? Glaubst du,
daß menschliche Verstellung so weit geht?

Eduard. Markise! Ich bewundre Sie in
Ihren Briefen, und Ihre Unterhaltung nimmt
dieser wieder einen Grad. Wissen Sie nicht, daß
Pflicht der Liebe vorgeht? Wenn Sie diese nicht
erfüllen können, wie wenig werden Sie im Stande
seyn, schwereren nachzukommen? Wie billig wär's,
daß ich mich Ihnen entzöge —

Markise. Kränke mich nicht, Eduard. Ich
will alles über mich zu erlangen suchen. Ich will
meinem Manne schreiben, will ihm zärtlich zu
schreiben suchen. Ich kann mich nicht verstellen,
Eduard, aber ich will thun, als wenn ich an dich
schriebe, als wenn du von mir abwesend wärest.
Da werde ich gewiß warm schreiben, und wenn
ihn der Betrug beruhigt, so wird er mir ja wohl
zu verzeihen seyn.

Eduard. Unbegreifliches Weib! Machen Sie
es, wie Sie können. Ich kann Ihnen nicht recht
geben, ich kann Sie aber auch nicht tadeln. Ich
weiß, daß ich das nie fühlen würde, was Sie zu
fühlen vorgeben, und gewiß auch fühlen, weil

Ihre Handlungen es beweisen. Markise, mag
der Menschen Denkungsart verschieden seyn, und
mag jeder nach der seinigen gerichtet werden; mag
also die deinige dich nicht verdammen, mich ver-
dammete die meinige gewiß, wenn ich so handelte.
Aber ich muß die Billigkeit nicht aus den Augen
setzen, da ich nicht der einzige Mensch bin, nach
dessen Handlungen sich etwa die ganze übrige Welt
richten müßte. Bleibst du von nun an, die du
mir versprochen zu seyn, so werd' ich selbst dich bey
deinem Manne vertreten.

Rom.

Gasthaus auf dem Spanischen Platze.

Der Fürst. Lauretta.

Fürst.

Laurette! Laurette! Wie entzückend ist deine Liebe! Wie zauberst du Stunden weg, als ob es Minuten wären! Schwindelnd tritt man in deinen Zaubertempel, und schwindelnd zieht man sich wieder zurück!

Lauretta. Ich selbst, mein Lieber, bin nur Wonne, wenn Sie bey mir sind. Auch kann schaffen sich mir Stunden zu Minuten. Gerade umgekehrt, wenn Sie weg sind. Dieser Widerspruch meiner Empfindungen macht mich in manchen Stunden Ihrer Abwesenheit, und auch selbst in einigen Ihrer Gegenwart, trübe.

Fürst. Trübe soll Laura nie seyn. Das schönste der Mädchen kann nur zur Freude geboren seyn. Heitrer Sinn muß ihr ewig zu Gebote stehen.

S 5

Lauretta. Ja, wenn blos ich es wäre, die Glückseligkeit mir bestimmte. Da aber eine andere Person dazu erfodert wird, so gewinnt die Angst Macht, daß ich diese verlieren könnte. Ich merke sehr wohl, daß Abhängigkeit zum Unglück gehört.

Fürst. Auch abhängig kann und soll Laurette nie seyn. Ihr Wink muß Befehl seyn.

Lauretta. Fürst! Sie verstehen mich nicht, oder wollen mich nicht verstehen. Für das erste weiß ich einen Rath, für das letzte muß ich verzweifeln. Abhängig von meiner Leidenschaft, abhängig von Ihrem Daseyn oder nicht Daseyn, abhängig von der unbeschreiblichen Macht, die Sie über mich erhalten, abhängig endlich von der unbegränzten Liebe, die Sie für mich in Wort und Handlung zeigen, muß ich in der schrecklichen Furcht stehen, alles das könnte mir geraubt werden. O Fürst! lassen Sie mich Sie auf Ihr Gewissen, lassen Sie mich Sie als meinen Geliebten ohne Gränzen fragen: Werden Sie immer der seyn?

Fürst. Was für Besorgnisse, Laurette? Die Zukunft muß der Gegenwart, die so schnell verfließt, keine Minute stehlen. Lassen Sie uns die gegenwärtige genießen, nicht verschwenden.

Lauretta. Sie könnten die Minute verschwendet heißen, die man zur Gewißheit auf die Zukunft anwendet? Sie könnten es ablehnen, Fürst, mir zu antworten, ob Sie der immer seyn werden, der Sie jezt sind?

Fürst. Ich bin immer aufrichtig, Laura. Ich nenne den verwegen, der von sich selbst sagen will: So werde ich seyn; so werde ich bleiben! Wir hängen von unserm Aeußern, von unserm Innern, vom Zufall außer uns ab. Wer sich über alles das wegsetzen zu können glaubt, der denkt nicht zu halten, was er verspricht. Ich habe Ihnen gesagt, ich liebe Sie, ich glaube es Ihnen auch gezeigt zu haben. Sie haben mich auch so schön dafür belohnt, daß diese Belohnung nie veralten, ewig mir neu seyn wird. Das Andenken an diese glücklichen Tage, an diese glücklichern Nächte wird mir wohl thun, selbst wenn einst Schwachheiten der Maschine mich niederdrücken. Aber, Laurette, wir alle beide können nicht dafür stehen, daß wir uns das immer seyn werden, was wir uns jezt sind.

Lauretta. Schon wieder eine betrogne Hoffnung! O ich arme Seele! Wenn wird denn einmal der Augenblick für mich erscheinen, wo ich werde sagen können: Dieser täuschte mich nicht!

Fürst. Bestes Mädchen! So wie Sie das
auslegen, werden Sie es nie erhalten. Solche
Schwärmereyen müssen Sie höchstens in engern
Zirkeln der Menschheit, und bey wenigerer Welt-
erfahrung suchen. Rom und Oerter ihm gleich
liefern sie Ihnen nicht.

Lauretta. In der That, Fürst, es ist, als ob
Pater Tinto und Sie aus einem Buche mir etwas
vorläsen.

Fürst. Nur ein Zeichen, daß Pater Tinto
Wort gehalten. Er kennt meine ganze Denkungsart. Er weiß es, daß ich das Vergnügen nehme,
wo ich's finde, und daß, wo es mir aufhört schmack-
haft zu seyn, ich es lieber verlasse, als mir Ekel
daran erwecke.

Lauretta. Ich glaube aber, man muß auch
in Rom geboren seyn, um diese Denkungsart zu
goutiren, oder auf eine gewisse Höhe derselben gekommen seyn, um sie sich eigen zu machen. Ich
fühle im Ernst einigen Hang dazu in mir. Tinto
und Sie haben mich angesteckt. Wenn ich aber
deswegen sagte, Fürst, mein Verlust wäre mir
angenehm gewesen, so müßte ich Sie belügen. Ich
habe mir eine Seligkeit darin gedacht, den Pater
Tinto vom Gegentheil überzeugen zu können. Und

weil dieß noch nach Eitelkeit klingen könnte — ich
habe mir ein Paradies in Ihrer Liebe geträumt,
das keinem möglichen Verluste unterworfen wäre.
Der Kardinal hatte meine erste ganze Zuneigung,
aber noch verstärkt trug ich sie auf Sie über, denn
mich hielten bey Ihnen keine Bande, mich ihr ganz
zu überlassen. Ich sehe ihren Tod vor Augen.
Blüthe der Zärtlichkeit, Ihnen entfaltet, muß welken, o Fürst! das ist bitter! muß vor Ihrem
Hauch welken.

Fürst. Muß das? — Nein, Laurette, das
ist nicht ausgemacht. Kann das, sagen Sie; muß
ist es nicht. Wollte es ein gütiges Gestirn, daß
Ihr Einfluß auf mich immer dauerte, ich würde
es dafür segnen.

Lauretta. Wollten Sie das, Theurer?
Der Strahl von Hoffnung sollte mir billig keinen
Trost geben, aber er thut es doch. Ich kann
freylich meinem Einflusse nicht gebieten, aber ich
will alles, alles aufbieten, was ich kann, um ihn
wirksam zu erhalten. Meine Liebe soll in tau-
sendfacher Gestalt sich immer vor dich stellen, und
hat sie Macht, da zu wirken, wo ich nicht bin,
so soll sie dich begleiten, wohin du nur gehst.

Aber besser, besser wär's auf jeden Fall gewesen, meine schwankenden Hoffnungen hätten sich durch Ihr Versprechen in Gewißheit verwandelt.

Fürst. Die Ihnen nicht entstehen wird, Laurette. Behalten Sie Ihre Reize, und Ihre Liebe gegen mich, und die meinige wird bleiben. Jedes Vergnügen, welches ich Ihnen machen kann, soll Ihnen zu Theil werden. Ihre Zweifel fachen meine ganze Theilnehmung auf. Kommen Sie, Laurette, Ihre Betrübniß soll zertheilt, Ihr Argwohn in nichts verwandelt werden. — Nun, Mädchen, du zauderst? Willst du nicht zum Altar der Liebe? Nicht ihre Opfer empfangen? — Solltest du den Anfang machen wollen, ihrer überdrüßig zu werden? Nein! Dein Feuer war ja unerschöpflich — diese schmachtenden Augen sagten mir ja unaufhörlich: Ich will — dieser Busen schwillt von Wonnegefühl — diese Lippen werden röther — Komm, Mädchen, komm, zögre nicht die Minute hinweg — Seligkeit ist bald verflogen —

Lauretta. Muß ich nicht folgen? Halten möchte mich's — alles, was du sagtest; — aber so wie du jezt auf mich blickst, reißt es mich von der Stelle weg, auf der ich dachte: sollst du nicht lieber früher dich losreißen, ehe er dich verläßt?'— O Liebe — Liebe — ganz deinen Namen mit Wonnegefühl genannt — huldige ich dir auf's neue. Schon durchströmst du jede Ader, schon bebst du in jeder Nerve — O entzückende Göttin! nimm mich ganz — ganz auf!

Gegend bey Rom.

Panfato's Landgut.

Panfato. Tinto.

Panfato.

Sie kennen schon meinen Geschmack, Pater.
Vornehme Damen ist meine Sache nicht. Sie
sind mir zu fein. Haben mich häßlich gerupft.
Meine letzte Geschichte mit der Gräfin Medina
hätte mir den Garaus machen können, hätte sie
noch ein Jahr gedauert. Die Frau ist noch un=
ersättlicher als der, dem man das Gold in den
Hals goß, ich glaub', er hieß Crösus, und war
ein gar großer Herr.

Tinto. Ich weiß es recht gut, Illustriss:mo,
daß Sie so mitgenommen sind, deswegen schlag'
ich Ihnen auch keine solche Bekanntschaft vor.
Es ist eine Dame, die ich gern zur Venuspriese=
tin weihen möchte, und Sie erhalten sie aus der
ersten Hand.

Panſato. Bravo, Herr Pater! das laß ich
mir gefallen. Wenn ſie iſt, wie ich wünſche, ſo
bekömmt ſie für achttägige Benutzung zweytauſend
Zechinen, und Sie, Herr Pater, tauſend. Daß
ich richtig zahle, wiſſen Sie, nur muß der Spaß
mir gefallen.

Tinto. Dafür hafte ich. Meine unbegränzte
Hochachtung für Sie, Signor, hat mir's eingege-
ben, Sie nicht vorbeyzugehen. Sie werden auch
ſchwerlich noch ein ſchöneres Mädchen geſehen haben, als die ich Ihnen zuführe.

Panſato. Wenn das iſt, ſo leg' ich noch tauſend Zechinen zu. Sehen Sie, Pater, ich bin
doch noch kein uralter Mann, meine Figur iſt noch
ausſtehlich, wo nicht artig —

Tinto. Ich weiß gar nicht, Signor, wie Sie
ſo reden können. Halb Rom würde viel darum
geben, noch ſo robuſt zu ſeyn, wie Sie ſind —
aber Ihr Nachſatz —

Panſato. Beſteht darin, daß ich, trotz den An-
ſprüchen, nur noch 200,000 Zechinen zu dergleichen
pias cauſas zurückgelegt habe. Wenn die alle ſind,
wird's mit mir auch heißen: das Lied iſt am Ende.

Tinto. Dafür machen Illuſtriſſimo aber auch
ſehr lange Pauſen mit unter.

Erſter Theil. T

Pansato. Wer zu viel genießt, mein lieber Tinto, genießt nichts. Hätt' ich diese Regel nicht beobachtet, ich wäre in der That lange Invalid. Ich dürfte mich keinem blühenden Mädchen mehr nähern, sie würden vor meinem Anblick davon laufen. So, in der That, sieht mir niemand die sechs und funfzig an, und am meisten hat es mich erhalten, daß ich das Landleben gewählt. In Rom waren der Reizungen zu viel. Die Stadt wimmelt von Inamoraten, die einen auf allen Seiten anpacken, und wenn es auf sie ankäme, den letzten Tropfen Mark und den letzten Scudi aussaugten. Das Schicksal meines jungen Vetters und künftigen Erben hat mich dieser Pest entgehen lassen. In der Blüthe seiner Jahre hatten sie ihn in wenigen Wochen so mitgenommen, daß er wie eine Fliege dahin fiel. Seit der Zeit hütete ich mich, und das hat so viel gefruchtet, daß, wenn ich mich nicht für Zuwachs meiner Menschenlänge fürchtete, ich mir noch ein Weibchen zulegte, und selbst Sorge für einen Erben trüge.

Tinto. Kein ganz unebner Einfall, der aber unserm theuern Corpore nicht gefallen würde, welches noch ziemlich stark auf einen Theil Ihrer Erbschaft rechnet.

Panſato. Freylich, Pater, um der Jugend-
ſünden willen kann ich ſie nicht ganz übergehen,
muß ihnen wohl etwas vermachen. Sonſt bin
ich eben kein Freund von euch Herren, als in ſo
fern ihr zu Finten zu brauchen ſeyd, die kein Teufel ſich ſonſt auszuführen getraut. Wenn ſoll ich
denn nach Rom kommen?

Tinto. In einigen Tagen, wenn es gefällig
wäre. Ich werde dann ſchon weitere Nachricht
geben.

Panſato. Gut, gut; und hier nehmen Sie
für Ihren Weg dieſen Ring.

(Tinto ab.)

Die Herren ſind immer nicht zu verachten.
Haben Naſen wie die Spürhunde, und treiben
immer das beſte Wild auf. Freilich machen Sie
ſich das Kredenzen gewöhnlich zur Bedingung, und
das muß man ſich auch gefallen laſſen. Sie ſind
Menſchen, und das nitimus in vetitum iſt bey ihnen am rechten Platze.

Rom.

Laurettens Wohnung.

Tinto. Lauretta.

Tinto.

In vollen acht Tagen sich nicht sehen zu lassen, das ist hart. Ich hätte Lust, ihm einen Besuch zu machen, und darüber ihn zur Rede zu stellen.

Lauretta. Lassen Sie das, Pater. Sie haben mir's ja gesagt, und er selbst hat mir's ja gesagt, wie sehr Veränderlichkeit ihm anhängt. Was hälfe mir's, wenn er ohne Liebe zurückkehrte. Traurig bin ich gewesen, als er anfing kalt zu werden. Aber ein wenig hab' ich mich schon gefaßt. Seitdem ich des Vergnügens Freundin geworden, hab' ich auch einsehen lernen, daß es von mir mit abhängt.

Tinto. Wie unerwartet sind mir diese Gesinnungen! Ich hoffte sie bey Ihnen, aber nicht so schnell. Wohl Ihnen, daß Sie so vernünftig, so aufge-

klärt denken lernten! Wohl Ihnen, daß Sie endlich Vorurtheile überwunden, und sich zum Ziel Ihrer Bestimmung bequemt haben! Die Natur hat an
Ihnen ein Meisterstück geliefert. Sie wollte, daß
dieses Meisterstück nicht ungenutzt bleiben, daß viele
es kennen, sich daran erfreuen, es genießen sollten.
Alles, was das Schicksal that, und was Ihnen
zuwider gehandelt schien, geschahe zu Ihrem Besten, geschahe deswegen, damit Sie diesen Zweck,
zu welchem Sie hier sind, nicht länger verabsäumen sollten. Sie fangen an, Laurette, Ihres
Daseyns Werth zu erkennen, und wem kann das
eine größere Freude seyn, als dem, der Vaterstelle
bey Ihnen vertritt?

Lauretta. Sie wiederholen hier das, was Sie
mir so oft geprediget haben, wieder so unbefangen, daß
ich es Ihnen glauben muß. Nur wünsche ich, daß
Trugschlüsse nicht meine Hofnungen zernichtet, und
ich es nicht einst bereuen möchte, so gehandelt zu
haben. Fest entschlossen bin ich, Ihnen zu folgen.
Ich fühle, man kann sich das Leben zu einem Himmel machen, und ich werde es thun. Ich fühle,
man schafft sich seine seligen Freuden selbst aus sich,
und ich will mir ihrer so viel machen, als mich
mein innerer Reiz dazu auffordert.

T 3

Tinto. Nur laſſen Sie mich Sie auf dem Wege leiten, den Sie zu gehen ſo rühmlichſt ſich vorgenommen. Er will mit beſondrer Vorſicht betreten ſeyn. Die Subjekte Ihrer Befriedigung, Laurette, müſſen gewählt werden. Es wäre auch Ihren Vorzügen unanſtändig, wenn Sie ſich je merken ließen, Sie verkanſten Ihre Gunſt.

Lauretta. Eben dieſes Verkaufen iſt's, was bey der ganzen Sache mich noch empört. O Tinto, warum bin ich nicht reich, um dieſer Erniedrigung mich entziehen zu können, um ohne Eigennutz mein und Andrer Vergnügen zu befördern? Sie glauben nicht, wie das meinem Herzen ſo weh thut, und doch fange ich an einzuſehen, daß ich Ihnen beſchwerlich werde. Mein Aufwand iſt groß, und muß Ihre Kräfte überſteigen.

Tinto. Was thäte ich nicht einer ſolchen Tochter zu Liebe! Aber ich will auch Sie von jedem Unangenehmen befreyen, was Ihre Delikateſſe Ihrem Vergnügen in den Weg ſtellen könnte. Geſchenke ſchlagen Sie aus, Geld aber nehmen Sie nie an. Ich will derjenige ſeyn, der Ihre ökonomiſche Lage beſorgt. Ich will Sie den Herren in ein Licht ſtellen, in dem ſie noch nie eine Tochter der Freude geſehen haben ſollen. Ich will

Sie vor allen Klippen sichern, die für Sie gefährlich werden könnten. Sie nehmen nur auf, die ich Ihnen zuführe. Ohne meinen Kanal gelangt keiner zu Ihnen, und die diesen Weg gehen, müssen mich dafür belohnen, daß ich Ihnen Eintritt verschaffe, und nicht einmal glauben, daß das für Sie angewandt ist.

Lauretta. Wie soll ich Ihnen meine Beruhigung verdanken? Ohne Sie müßte ich mich den unbeschreiblichen Gefahren einer Lebensart überlassen, die ich in meinem Leben nicht zu wählen geglaubt hatte, und aus Armuth wählen müssen.

Tinto. Sehen Sie, Laurette, wem der Himmel das verlieh, was er Ihnen gab, der ist nicht arm. Aber zum Werk. Wir fahren jezt auf's Land, um unsern ersten Fischfang zu thun. Ich will sehen, wie Ihnen meine Wahl und meine Geschicklichkeit gefällt. Aber ich will auch dann eine Erkenntlichkeit mir von Ihnen erbitten, die Sie mir hoffentlich nicht abschlagen werden.

Gegend bey Rom.

***

Pansato's Landgut.

Lauretta, Tinto, (in Reisekleidern.) Hernach
Pansato.

Lauretta.

Es ist recht gut, Tinto, daß wir wieder nach
Rom kommen. Mir ist's hier zu einsam, und Pansato's Gesellschaft wird mir zu langweilig. Er hat
den besten Willen, mich zu unterhalten, auch hat
er für seine Jahre noch Feuer und Geist. Aber
ich bin's immer mehr überzeugt, zu meiner Lebensart gehört Abwechselung.

Tinto. Das weiß ich sehr gut, auch wundert
mich's, daß Sie es so lange ausgehalten, und ich
habe mich über diesen heroischen Entschluß gefreut.
Indessen lassen Sie auch bey unsrer Abreise dem
Wirthe nicht merken, daß Sie gern weggehen.
Man kann nicht wissen, wo man ihn wieder braucht.
Bedenken Sie, daß wir ohne die Pretiosen baare
zehntausend Zechinen haben. Dieser Fang soll

Ihre Einrichtung in Rom bestreiten, die so präch-
tig seyn muß, daß Sie im Stande sind, Fürstinnen den Rang abzulaufen. Es wäre doch schön,
wenn Lauretta Pisana der Gräfin Medina ein
Dorn im Auge werden könnte, und der Fürst,
der Sie immer noch liebt, aber für sein veränder-
liches Temperament nichts kann, hat dafür gesorgt,
daß Sie, ohne einen Anstand zu haben, leben können. Sein Schutz verschafft Ihnen völlige Sicherheit. Ein einziges nur kann ich nicht zu Ihrer gänzlichen Befriedigung versprechen.

Lauretta. Und welches wäre das?

Tinto. Daß immer nur Schönheiten Ihrem
Altare opfern; daß nicht manchmal Klugheit und
Politik Sie zwingen werden, auch einem minder
Schönen Zutritt zum Heiligthume der Liebe zu las-
sen.

Lauretta. Dafür lassen Sie mich sorgen.
Glauben Sie nicht, daß ich Kopf genug haben
werde, die mir zuwider sind so abzuweisen, daß sie
nicht einmal darüber zürnen sollen. Wer den Pater Tinto belohnt, belohnt ihn nur für den Zutritt
zu mir. Da ich nur durch Liebe belohnt werde,
so sind meine Ansprüche gerecht, und der häßliche
Mann hat keine an mir.

T 5

Tinto. (für ſich.) O weh! mein Projekt ſchei-
tert! (laut) Nur vorſichtig, Laura — Aber da iſt
unſer freundlicher Wirth.

Panſato (tritt ein.)

Panſato. Schon reiſefertig? Wie ſehr bedaure ich's, daß mein Aufenthalt nicht fähig iſt,
Ihnen längre Unterhaltung zu verſchaffen. Aber,
Laurette, Sie ſind die Königin meiner Beſitzun-
gen. Sie haben in dieſe Einſamkeit ſo viel Leben
gebracht, daß alles ſich hob, und erneuert blühete.
Sie werden dieſes Leben wieder mit ſich nehmen,
und Alles wird welken. Sollten Sie einmal an
die nun unglückliche Gegend denken, ſo ſchenken
Sie ihr wieder einige Tage, damit ſie nicht ganz
abſtirbt.

Lauretta. Sie ſind zu galant, gnäd'ger Herr.
Güte mißbrauchen, macht uns ihrer unwerth.
Ihre Aufnahme war ſo blendend, daß alle Klugheit erfordert wurde, mir die Mäßigung zu verſchaffen, die der Gaſt beybehalten muß. Ihnen
überdrüſſig zu werden, wäre ein trauriges Loos,
und Laurette will lieber dem überſchwenglichen
Vergnügen Einhalt thun, als Ihre Achtung ver-

ſcherzen. Beſuchen Sie mich in Rom, und ich
will ſuchen einen Theil der Ehre zu erwiedern,
die Sie mir erzeigten, denn ganz kann ich es
nicht.

Panſato. Die Erlaubniß entzückt mich. Ich
werde nicht ermangeln, zu erſcheinen. Freylich
werd' ich nur ein Schatten unter Ihren Anbetern
ſeyn, aber auch nur Schatten bey Ihnen zu ſeyn,
iſt ſchon Fülle von Wonne.

(Er führt ſie ab, Tinto folgt ihnen.)

—————

Ende des erſten Theils.